LA RÉCIDIVE

ET LA DÉTENTION PRÉVENTIVE

THÉORIE ET COMMENTAIRE DES LOIS POSTÉRIEURES AU CODE PÉNAL

LA RÉCIDIVE

ET LA

DÉTENTION PRÉVENTIVE

Théorie et commentaire des lois postérieures
au Code pénal

—

MÉMOIRE COURONNÉ PAR LA FACULTÉ DE DROIT
ET L'ACADÉMIE DE LÉGISLATION

> Cherchons à prévenir les rechutes
> pour n'avoir pas à les réprimer.
> Mieux vaut amender sans réprimer.
> que réprimer sans amender.
>
> A. T.-B.

PAR

A. TYPALDO-BASSIA

Juge suppléant, agrégé de l'Université,
Délégué officiel du gouvernement hellénique au Congrès pénitentiaire,
Membre et lauréat de plusieurs Académies et Sociétés savantes.

AVEC UNE INTRODUCTION

De M. Arthur DESJARDINS

Membre de l'Institut,
Avocat général à la Cour de cassation.

—

Ouvrage recommandé et honoré d'une souscription par le Ministère
de la Justice de Grèce.

——||o||——

PARIS

LIBRAIRIE MARESCQ AINÉ
CHEVALIER-MARESCQ & Cie, ÉDITEURS
20, RUE SOUFFLOT, 20

—

1896

LA RÉCIDIVE

ET LA
DÉTENTION PRÉVENTIVE

*Théorie et commentaire des lois postérieures
au Code pénal*

MÉMOIRE COURONNÉ PAR LA FACULTÉ DE DROIT
ET L'ACADÉMIE DE LÉGISLATION

> Cherchons à prévenir les rechutes
> pour n'avoir pas à les réprimer.
> Mieux vaut amender sans réprimer.
> que réprimer sans amender.
>
> A. T.-B.

PAR

A. TYPALDO-BASSIA

Juge suppléant, agrégé de l'Université,
Délégué officiel du gouvernement hellénique au Congrès pénitentiaire,
Membre et lauréat de plusieurs Académies et Sociétés savantes.

AVEC UNE INTRODUCTION

De M. Arthur DESJARDINS

Membre de l'Institut,
Avocat général à la Cour de cassation.

*Ouvrage recommandé et honoré d'une souscription par le Ministère
de la Justice de Grèce.*

PARIS

LIBRAIRIE MARESCQ AÎNÉ
CHEVALIER-MARESCQ & Cie, ÉDITEURS
20, RUE SOUFFLOT, 20

1896

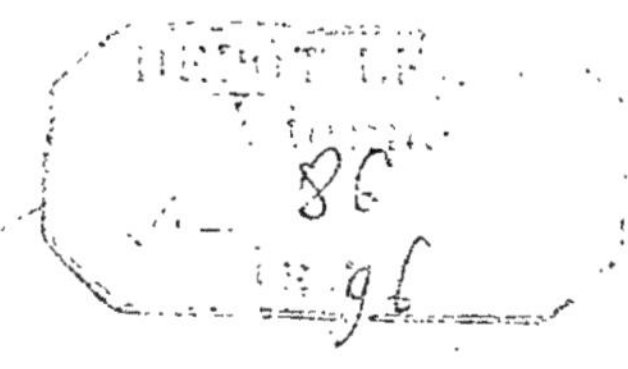

À Monsieur

Arthur DESJARDINS

Membre de l'Institut,
Avocat général à la Cour de cassation, etc., etc.

Ce serait me rendre indigne de l'intérêt que vous avez toujours bien voulu me porter et de votre haute bienveillance à mon égard, que de ne point vous faire hommage d'une œuvre que je viens de publier sous le titre de « la Récidive », et qui résume tous les progrès de cette question en France. Je dois vous avouer sincèrement que j'ai puisé sans cesse dans vos œuvres éminentes les idées généreuses et moralisatrices qui y sont développées ; car, plus que tout autre vous avez contribué à établir le règne de le vraie justice, celle que nous cherchons tous à connaître et à pratiquer.

En cette fin de siècle ne peut-on pas dire que toutes les grandes idées qui se sont emparées du monde moderne ont surgi de France, comme jadis la civilisation antique avait eu son berceau en Grèce ? Le dernier congrès pénitentiaire de Paris, où se sont distingués tant d'hommes illustres, entre autres le savant sénateur Bérenger qui a voué toute son existence à une œuvre essentiellement universelle, en est une preuve irrécusable. Il semble que la France ait entrepris la tâche de guérir l'humanité souffrante autant que d'éclairer l'humanité savante qui cherche sans cesse l'inconnu.

Nous sommes d'autant plus encouragé à vous dé-

1

dier ce petit mémoire qu'il a déjà eu la bonne for-
tune d'être couronné par l'Académie de Législation,
et a été proposé pour une récompense très honorable
par la commission de la Faculté de Droit d'Aix, qui
était chargée de l'examiner dans un de ses concours,
bien que son auteur eût gardé l'anonymat.

C'est donc autant pour m'acquitter de mon devoir
de reconnaissance que pour vous témoigner mon ad-
miration pour vos œuvres, que je place cet opuscule
sous vos auspices. Votre haute protection est le meilleur
titre que je puisse invoquer à la confiance du public.

A. Typaldo-Bassia.

Athènes, janvier 1896.

INTRODUCTION

On peut affirmer que le problème de la récidive
domine tout le système pénal. En effet, une nation
qui se donne un code de lois répressives, ne se pro-
pose pas uniquement d'accomplir une œuvre de justice en proportionnant exactement les châtiments
aux infractions ; elle entend assurer la sécurité gé-
mérale en arrêtant le progrès de la criminalité. Si
il'effet du système pénal est de multiplier les délinquants et les délits, le but est manqué.

Le meilleur moyen d'arrêter le progrès de la criminalité, c'est de conjurer, autant que faire se peut,
lla récidive. Si le condamné, quand il vient de subir
une première peine, se trouve généralement enclin à
recommencer, la société court un grand péril. Elle a
travaillé de ses mains à sa propre perte. Le récidiviste, c'est l'ennemi. Il est le malfaiteur de profession,
l'endurci, le révolté, l'irréconciliable ; il fait école,
entraîne les indécis par son exemple et, ne désarmant
pas, doit être désarmé. Je ne crois pas qu'il y ait,
pour le législateur, surtout en France, un plus grave
sujet de méditation.

Nous ne pouvons oublier que, de 1851 à 1885, le
mombre proportionnel des récidivistes jugés contra-

dictoirement passait de 33 à 48 pour cent au grand
criminel, de 21 à 43 pour cent en police correctionnelle ; que des poursuites ont été dirigées : en 1885
contre 89.634 récidivistes ; contre 91.055 en 1886 ;
contre 92.204 en 1887 ; contre 94.137 en 1888. Ces
chiffres ont une éloquence particulière. M. Typaldo-
Bassia fait bien de les replacer sous nos yeux.

Je le félicite surtout d'avoir compris que le problème était complexe, et qu'on n'en obtenait la solution ni par l'abus de la pénalité, ni par l'abus de la
philanthropie.

Il semble, au premier aspect, tout naturel de
prouver au récidiviste qu'il n'est pas le plus fort et
d'écraser la récidive en la terrorisant. Mais il faudrait alors, pour être logique, mettre à tout jamais
hors d'état de nuire le délinquant qui commet une
seconde faute, c'est-à-dire recourir aux procédés
d'élimination qu'ont préconisés certains criminolo-
gistes de l'école italienne : mort, déportation dans
des contrées inhospitalières et sauvages, retranche-
ment anticipé du nombre des vivants. Or, le premier devoir du législateur et du juge est de mesurer
la peine à la gravité de la faute. On ne peut pas,
dans cet ordre d'idées, faire rétrograder la civilisation. L'homme d'état qui rétablirait, même en chan-
geant la façade, un ensemble de pénalités excessives,
un système analogue à celui qu'ont criblé de leurs
critiques et de leurs sarcasmes les philosophes du
dix-huitième siècle, échouerait misérablement dans
sa tentative et provoquerait une explosion générale
de sympathie pour les condamnés. En voulant armer

la société de pied en cap, il la désarmerait. Il s'agit moins de frapper fort que de frapper juste.

Mais ce serait une autre erreur, non moins déplorable, que de répondre à des coups de fusil par des coups de chapeau. Ce n'est point seulement par des homélies, par des instructions, par des lectures édifiantes qu'on peut lutter contre l'obstination dans le mal. Il ne suffit pas de travailler à la régénération du délinquant, ni même de faciliter sa réhabilitation pour empêcher la rechute. La forteresse qu'on prétend enlever est de celles qu'il faut attaquer de divers côtés à la fois. La peine est moins que jamais, lorsqu'il s'agit de mettre un frein aux récidives, une sorte d'avertissement ou une simple méthode de démoralisation; elle doit être plus complètement afflictive et prendre un caractère particulier d'exemplarité.

J'approuve donc sans restriction M. Typaldo-Bassia d'avoir envisagé sous quatre aspects différents la législation préventive et répressive de la récidive: 1° Moyens pénitentiaires; 2° Moyens d'élimination; 3° Moyens d'amendement et de reclassement; 4° Moyens judiciaires.

Au premier plan des moyens pénitentiaires, l'intelligent publiciste place avec raison l'emprisonnement individuel, tel que l'organisa dans notre pays, la loi du 5 juin 1875. Il est vrai que la réforme votée par la Constituante de 1871 s'arrête à nos prisons départementales, formées par la réunion des maisons d'arrêt où la détention préventive est subie et des maisons de correction où sont enfermés les délinquants dont la condamnation n'excède pas un an.

Par la séparation cellulaire de jour et de nuit, ces condamnés sont préservés d'un contact impur et de conseils détestables : l'école du crime est fermée pour eux. Mais, depuis vingt ans, on n'a pas affecté définitivement au régime individuel plus de vingt-trois prisons départementales.

Le plus puissant des moyens éliminatoires est assurément la relégation, organisée par la loi du 27 mai 1885. Comme M. Typaldo-Bassia, j'adhère au principe de cette réforme législative : dans un pays comme le nôtre, usé par une longue série de révolutions politiques, démoralisé par l'affaiblissement des croyances religieuses et par le discrédit de l'autorité, il faut purger le sol national des malfaiteurs *professionnels*, vétérans du crime, champions incorrigibles de la guerre à outrance contre la société. Le lecteur trouvera dans le titre II de cet ouvrage un judicieux commentaire de la loi nouvelle. Il prendra vraisemblablement parti pour M. Typaldo contre M. Garraud dans le débat qu'a suscité cette question fondamentale : fallait-il imprimer à cette peine accessoire un caractère facultatif en laissant au juge le soin d'opérer le dernier travail de sélection, de décider, en un mot, si le délinquant devait être, ou non relégué? C'est ce qu'eût souhaité l'éminent professeur de la faculté de Lyon et ce que n'a pas voulu le législateur de 1885. Je partage, comme M. Typaldo, l'avis du législateur.

Le siècle qui finit est possédé par un grand esprit de miséricorde. S'il vient à sévir, s'il fortifie l'action publique, c'est à regret, en détournant les yeux.

S'agit-il, au contraire, de travailler à l'amendement du coupable et de l'aider à reconquérir sa place dans la société, chacun s'empresse et tout le monde est d'accord. L'auteur ne se trompe pas en signalant, dans cet ordre d'idées, parmi les moyens propres à prévenir les récidives, une bonne et libérale procédure de la réhabilitation, l'organisation du patronage, voire même la substitution des « interdictions de séjour » à l'ancienne surveillance de la haute police. Mais je l'approuve d'attirer l'attention spéciale du lecteur sur la théorie de la libération conditionnelle. Cette idée, quoique facilement applicable, tarde longtemps à prévaloir en France. L'Angleterre, plusieurs cantons suisses, l'Allemagne, la Hongrie, les Pays-Bas, etc. nous avaient devancés. Le surintendant général des prisons de la Grande-Bretagne constatait depuis plusieurs années, dans ses rapports officiels, qu'une décroissance générale de la criminalité coïncidait avec le développement de cette institution, quand nous entreprîmes de la transplanter dans notre pays. L'administration reçut donc le droit d'accorder au condamné qui aurait mérité cette récompense par son application au travail et sa bonne conduite, une mise en liberté par anticipation « à la charge par lui de se conduire « honnêtement et sous la condition qu'il serait réin- « tégré », s'il donnait de nouveaux sujets de plainte, pour subir le complément de sa peine. Le législateur français n'a pas dépassé la mesure. On sait, en effet, que le condamné, pour être libéré conditionnellement, doit avoir accompli trois mois au moins d'emprisonnement si la peine est inférieure à six mois et la moitié de cette peine dans les autres cas (1). Je me plais à constater, avec M. Typaldo-Bassia, que le ministre de l'intérieur eut rarement à regretter, depuis dix ans, l'usage de ses nouveaux pouvoirs. Par exemple, en 1890, sur 1.386 libérations conditionnelles, vingt-deux seulement ont été rétractées.

Le jeune criminaliste a particulièrement approfondi, dans son origine et dans ses résultats, la loi du 26 mars 1891, universellement connue sous le nom de loi Bérenger. Je l'en félicite, car peu d'hommes ont dépassé mon éminent confrère de l'Académie des sciences morales dans l'ardent désir d'épurer la loi pénale et de moraliser le système pénitentiaire. Comme l'a très nettement aperçu M. Typaldo-Bassia, tout le mécanisme de la proposition déposée par M. Bérenger sur le bureau du Sénat en 1884 reposait sur cette double idée : 1° autoriser les tribunaux à user d'une grande indulgence envers les délinquants traduits devant eux pour la première fois ; 2° aggraver la pénalité quant aux malfaiteurs de profession. Mais nous devons reconnaître que nos chambres législatives, après avoir fait très volontiers la première partie de cette besogne, ne se sont pas souciées d'accomplir la seconde. Il faut aujourd'hui, paraît-il, une certaine dose de courage civil pour prendre en main la défense de la société

---

(1) On a fait toutefois observer, non sans quelque justesse, que le délai d'épreuve est un peu trop court et que l'administration pénitentiaire devrait garder le droit de ressaisir le condamné, même pendant un certain temps après le délai fixé pour sa libération définitive.

même contre les gens qui travaillent ouvertement à sa destruction. Ce n'est pas précisément, comme au dix-huitième siècle, que nous nous laissions pénétrer d'une sensibilité factice et que nous ayons une confiance infinie dans la bonté naturelle de l'homme. Mais il semble que nous soyons fatigués d'une résistance inutile et que, par lassitude, nous laissions tomber les armes de nos mains. M. Bérenger modifiait l'article 463, § 9, de notre code pénal en restreignant parfois, même en supprimant, pour le récidiviste irréconciliable, le bénéfice des circonstances atténuantes : cette partie de sa motion fut écartée. La récidive a été, dans certains cas, spécialisée sans réserve, et les malfaiteurs échappent à toute aggravation de peine à la seule condition de commettre un *délit* différent, fût-il plus grave. En supprimant l'aggravation de pénalité par cela seul que cinq ans se sont écoulés, on a donné, selon l'expression de M. Bérenger lui-même, une sorte d'amnistie quinquennale au criminel assez habile pour cacher sa perversité pendant un temps assez court, ou assez prudent pour ne s'exposer que périodiquement à la rigueur des lois.

Que subsiste-t-il donc de la proposition primitive ? Les cours et les tribunaux, en condamnant soit à l'emprisonnement, soit à l'amende, peuvent ordonner qu'il sera sursis à l'exécution de la peine. Le législateur assigne alors un temps d'épreuve et le fixe invariablement à cinq ans. Si, durant cette période, le condamné n'encourt aucune poursuite suivie de condamnation à l'emprisonnement ou à une

peine plus grave pour crime ou délit de droit commun, non seulement il ne subira jamais sa peine,
mais il sera réhabilité de plein droit.

Une semblable loi de grâce en faveur des « délinquants primaires » n'est en soi, selon moi, ni bonne
ni mauvaise. Tout dépend de l'usage qu'on en fait.
Dans un pays où la magistrature, très forte et très
indépendante, plane au-dessus des partis domine leurs
soupçons ou leurs injures, et trouve un appui sérieux dans l'ensemble des pouvoirs publics, le système des condamnations immédiates avec sursis à
l'exécution peut donner des résultats satisfaisants.
Il les donne en Belgique. Au contraire, dans un pays
où la démocratie ne parviendrait pas à se contenir
et chercherait à se servir de cette institution moins
pour amener des coupables repentants à racheter
une première faute, que pour soustraire quelques-
uns de ses courtisans ou de ses favoris à la sévérité
des lois, ce mécanisme pourrait placer le pouvoir
judiciaire dans une situation fausse. M. Typaldo-
Bassia cite avec raison cette phrase du rapport fait
à notre chambre des députés par M. Barthou : « Est-
« il présumable que le juge recoure à ce pouvoir
« exceptionnel autrement que dans des cas excep-
« tionnels, où la situation du condamné, son passé,
« son attitude, les faits de la cause imposent l'indul-
« gence à sa conscience et la justifient aux yeux de
« l'opinion publique ? » Cette phrase interrogative
renferme un conseil excellent et nécessaire.

Arthur DESJARDINS,
de l'Institut de France.

LA RÉCIDIVE

CONSIDÉRATIONS GÉNÉRALES

Le problème le plus délicat qui se pose, en matière de récidive, c'est celui de savoir quel en est le mode de répression le plus juste et le plus efficace. Les législations anciennes, comme les modernes, ont toujours reconnu qu'en présence des récidivistes on se trouvait en face d'une situation où la nécessité de sévir devenait plus grande. Mais la difficulté a toujours été de résoudre sainement le fameux problème de pénalité que soulève la récidive et qui s'imposera peut-être à jamais à la sollicitude du législateur.

L'expérience des siècles nous a appris aujourd'hui que la société doit, pour diminuer autant que possible le nombre des récidivistes, combattre directement cette situation légale, soit en essayant de corriger par les moyens les plus salutaires le délinquant primaire et de lui éviter, par là, de nouveaux écarts, soit, si l'habitude d'immoralité est invétérée, si les mauvais instincts du récidiviste sont incorrigibles, en employant des moyens exceptionnels, énergiques, de nature à mettre le criminel de profession dans l'impossibilité absolue de nuire.

C'est pour n'avoir jusqu'à ce jour pas assez tenu compte de ces deux considérations que le législateur français se trouve réduit à avouer son impuissance en face du flot effroyable, montant sans cesse, des récidivistes.

En effet, si nous ouvrons les statistiques criminelles qui ont été dressées depuis le commencement du siècle, nous voyons que le nombre des délits augmente, tandis que celui des délinquants diminue. Il résulte nécessairement de ces observations que le nombre des récidivistes va toujours en augmentant et que cette catégorie d'individus se recrute parmi les malfaiteurs de profession, contre lesquels les sanctions pénales même les plus sévères restent impuissantes et qui bravent la société au préjudice de laquelle ils vivent.

Il ressort du rapport sur l'administration de la justice criminelle en France de 1826 à 1885 (chap. LXXXIII), que la récidive s'accentue chaque année dans des proportions vraiment surprenantes et douloureuses. Pour ne prendre que la période qui s'écoule entre l'année 1851, époque de la création des casiers judiciaires, et l'année 1885, nous constatons que le nombre proportionnel des récidivistes jugés contradictoirement par les Cours d'assises s'est élevé pendant cette période de 33 à 48 pour cent, et que le nombre des récidivistes jugés contradictoirement par les tribunaux correctionnels s'est accru de 21 à 43 pour cent.

Autre observation non moins grave qui se dégage encore du rapport précité : si l'on rapproche la liste des libérés des maisons centrales de la liste des récidivistes criminels et correctionnels, on obtient cette navrante constatation, que c'est précisément dans l'année même de la libération que la récidive fait le plus de victimes.

L'étude de ces statistiques nous montre où est le mal. Mais il faut chercher le remède, et un législateur ne saurait se proposer un but plus légitime et plus utile à l'humanité.

Il est incontestable que l'organisation défectueuse du système pénitentiaire français, son impuissance démontrée au grand jour par ses résultats, pèsent beaucoup dans la balance relativement à l'augmentation démesurée et progressive des récidives. Ce régime pénitentiaire, qui est inefficace à amender les coupables, est une des causes principales de cette persévérance, de cette rechute dans le crime ou le délit. En outre, les libérés trouvent difficilement à reprendre leur place dans la société qui leur est, pour ainsi dire, fermée. Les patrons ne veulent pas des ouvriers tarés, flétris par la justice. Il faut pourtant travailler si l'on veut vivre. Les anciens condamnés n'ont plus droit au travail, semble-t-il. Terrible et malheureux préjugé ! Et souvent, ainsi, la nécessité de vivre les précipite de nouveau dans la mauvaise voie, d'où ils venaient à peine de sortir.

D'autres fois, une condamnation trop sévère contre un délinquant primaire, que son jeune âge, un moment d'oubli des devoirs, les mauvais compagnons ont entraîné dans le mal, l'irrite, l'aigrit, le démoralise, au lieu de l'amender, de le faire rentrer dans le bon chemin. L'abîme attire l'abîme, dit le sage. Grâce à un système pénitentiaire insuffisant, cet individu, au lieu de se corriger, se roidira contre la société qui n'a point su lui pardonner, et entrera en lutte avec elle.

Le remède le plus propre à diminuer la récidive serait dans la solution du problème suivant : trouver un régime pénitentiaire efficace à l'amendement des délinquants primaires et en même temps de nature à mettre les récidivistes de profession dans l'impossibilité de nuire à l'ordre social.

Les rédacteurs du Code pénal de 1810 ne s'étaient nullement préoccupés de cette idée que, pour diminuer le nombre des récidives, il est nécessaire d'édicter une répression sévère contre la récidive, non en tant que délit spécial, mais comme situation anormale et dangereuse. Aussi l'accroissement exorbitant des récidives depuis 1810 est-il une preuve manifeste que le Code pénal n'a pas su trouver de moyen préventif pour combattre la récidive. « Le Code pénal de 1810, dit en résumé M. Léveillé dans un excellent article publié dans le journal *le Temps* (n° du 8 juin 1886), n'a pas attaché au fait de la récidive répétée l'importance majeure que nous avons été contraints de lui reconnaître nous-mêmes. Eh ! bien, l'antithèse profonde des condamnés primaires et des condamnés en état de récidive habituelle doit être l'âme de notre Code futur... Ce Code devrait même comprendre deux volumes distincts. Dans le premier volume serait réglé le sort des condamnés qui en sont à leur première infraction. Ceux-là devraient être traités par la prison. Dans le second serait réglé le sort des récidivistes de profession. Ceux-là seraient traités par l'expatriation. »

On le voit, aujourd'hui la préoccupation constante,

l'idée qui prédomine chez les criminalistes de l'Europe, c'est de prévenir autant que possible la récidive par les mesures les plus efficaces et de reléguer loin de la société les malfaiteurs d'habitude, les natures vouées au crime.

On atteindra le premier but d'abord par l'amélioration du système pénitentiaire. C'est ce désir de diminuer le fléau de la récidive qui a fait édicter au législateur français la loi de 5 juin 1875, sur le *régime des prisons départementales*. Il y a lieu d'espérer que l'on ne s'arrêtera pas là, et que la réforme en cette matière n'a pas dit son dernier mot.

Ensuite, c'est ce même désir de combattre une criminalité se concentrant sur un certain nombre d'individus qui a inspiré la loi toute récente du 26 mars 1891, qui va faire l'objet de la présente étude. Cette loi a été votée, comme nous le verrons, en faveur d'une catégorie de délinquants primaires, auxquels la loi attache encore avec raison quelque intérêt, espérant pouvoir les ramener au bien. Le but du législateur a été de réaliser un moyen qui paraît des plus puissants pour mettre obstacle à l'augmentation progressive des récidives correctionnelles. En faisant preuve de plus d'indulgence à l'égard des délinquants primaires et en leur faisant mesurer la profondeur des conséquences d'une rechute, peut-être parviendra-t-on à leur éviter de nouvelles récidives. Il faut l'espérer, et les résultats généraux déjà obtenus font augurer pour l'avenir une amélioration morale chez les condamnés.

Le second but, celui de garantir la France contre l'envahissement des repris de justice, a été at-

teint en partie par la loi du 27 mai 1885, sur la rélégation.

L'idée de sévir par des mesures exceptionnelles
et exclusives de la société contre les malfaiteurs endurcis qui constituent un véritable danger social,
n'était pas étrangère à l'ancienne législation française. Sous l'Assemblée constituante, la question de
transportation des récidivistes avait appelé l'attention du législateur. La transportation, quoique votée à cette époque, ne put être appliquée, faute d'un
lieu pour son exécution.

La loi sur la relégation est une loi fort sévère,
mais juste. La France, alarmée du nombre toujours
croissant des récidivistes, a compris que ce serait
humilier sa loi pénale et abuser de sa clémence que
d'essayer de mettre en lutte la sévérité de cette loi
avec la perversité du récidiviste. Au reste, peut-on
espérer de ramener au devoir des criminels endurcis, incorrigibles? Grâce à la relégation, plus de
moyens pour ces malfaiteurs de commettre quelque
infraction à l'ordre public. Ils sont constamment
sous les yeux et sous la main de la justice. La société n'a donc, en définitive, de remède actif, de
véritable sauvegarde contre le danger provenant
des rechutes successives et croissantes que dans
l'exclusion du délinquant du sein de cette société
qu'il peut troubler et corrompre.

L'opinion publique, la presse, les criminalistes,
les tribunaux furent unanimes à applaudir à une
réforme qui donnait satisfaction à un desideratum
du pays.

Sécurité et utilité : tel est le double but de la loi
du 27 mai 1885. Car, tout en débarrassant le conti-

nent français de tout ce qu'il contient d'impur, la relégation est un moyen facile pour le gouvernement de peupler les moins florissantes des colonies françaises et d'y étendre l'industrie et le commerce.

Il manquait une loi dans la législation pénale pour faire contrepoids à la loi du 27 mai 1885, pour atténuer un peu ses conséquences rigoureuses, quoique justes. Il était humain, en effet, que, tout en édictant des mesures exceptionnelles contre les criminels incorrigibles, on recherchât parallèlement les moyens les plus propres à prévenir la rechute du délinquant après sa première condamnation, de sorte que l'on pôt arriver à ce résultat, de n'être obligé d'appliquer la répression suprême de la loi de 1885 que dans le cas où l'irréductibilité du condamné devient notoire.

C'est cette considération qui a fait voter tout récemment par le Parlement français la loi du 26 mars 1891, sur l'atténuation et l'aggravation des peines.

Cette loi est due à l'initiative de M. le sénateur Bérenger, à qui revenait déjà l'honneur d'avoir fait adopter par les deux Chambres un excellent projet sur la libération conditionnelle et la réhabilitation, projet devenu la loi du 14 août 1885.

Le sénateur Bérenger, dans la proposition de la nouvelle loi, s'est inspiré surtout des idées qui le caractérisent comme criminaliste : plein d'humanité pour les égarés, les pécheurs repentants, ceux qui ont été entraînés par leur jeune âge ou leur inexpérience, mais sévère à l'égard des malfaiteurs endurcis, rebelles, qui font métier de braver la loi pénale en la méprisant.

La statistique judiciaire a fourni, en France, dans

ces dernières années, des données qui permettent
de conclure que le système répressif français, malgré
la sévérité parfois exorbitante du Code pénal, malgré
la rigueur de la loi de 1885, est complètement inefficace, au point de vue moralisateur. Le fléau de la
récidive se développe chaque année davantage au
grand péril de la société!

D'après les indications, cruellement révélatrices
de la statistique, que le ministre de la Justice a sou-
mise, le 3 mars 1891, à l'examen de la Chambre
des députés, on arrive aux résultats suivants : en 1885,
on compte 89.634 récidivistes ; — en 1886, 910.55;
— en 1887, 92.204 ; — en 1888, leur nombre s'élève
à plus de 94.000. Sur les 94.137 récidivistes pour-
suivis en 1888, 82.293 ont été condamnés. Voici
comment ils se répartissent : ont été condamnés dans
l'année — il faut remarquer ce point — et par le
même tribunal : 74.935 une fois, c'est-à-dire pour
la seconde fois, 6.585 deux fois, 1.296 trois fois,
331 quatre fois, 98 cinq fois, 30 six fois, 9 sept fois,
4 huit fois, 1 neuf fois, 4 dix fois et plus. (*Journal
officiel* du 4 mars 1891, p. 495.)

En présence de renseignements aussi navrants de
vérité, on est obligé de conclure, comme on l'avait
déjà fait par le passé, mais sans apporter de remède
suffisant à la situation, que la cause qui a triplé depuis
cinquante ans le nombre des poursuites criminelles
et correctionnelles se trouve dans la récidive.

Après avoir trouvé le mal, il importait de chercher
le remède souverain. C'est vers ce but qu'ont tendu
jusqu'à ce jour tous les efforts des criminalistes.
Nous pouvons dire sans exagération que depuis une
vingtaine d'années surtout il s'est engagé une lutte

incessante entre les pouvoirs publics et la récidive.

On peut, à l'heure qu'il est, ramener à quatre les mesures proposées par le législateur français soit pour prévenir, soit pour réprimer la récidive. Nous les examinerons sous l'ordre suivant :

1° Moyens pénitentiaires.

2° Moyens d'élimination.

3° Moyens d'amendement et de reclassement.

4° Moyens judiciaires.

Il ressort de l'ensemble de ces mesures que la note dominante dans la législation française actuelle c'est le désir de n'employer les mesures répressives contre la récidive que lorsque tout moyen préventif a été reconnu inefficace à l'égard du délinquant.

TITRE PREMIER

MOYENS PÉNITENTIAIRES. — EMPRISONNEMENT INDIVIDUEL.

La société, en punissant un coupable comme il le mérite, ne doit pas seulement chercher à réprimer le méfait, mais encore à ramener, par une juste correction, le délinquant dans la bonne voie. Elle n'exerce point une vengeance, ce qui serait indigne d'une bonne civilisation. Elle édicte un châtiment qui doit être, à la fois, un exemple pour tous et une leçon pour le violateur de la loi pénale.

Or, comment doit-on entendre cette leçon de haute moralité imposée au condamné? Une bonne législation pénale doit être réformatrice, et, pour arriver à son but, elle aura à choisir entre les diverses sortes d'emprisonnement celle qui pourra produire la meilleure influence sur l'amendement du condamné.

L'expérience a prouvé que l'emprisonnement collectif présentait de sérieux dangers et pour la société et pour le délinquant primaire. Cette variété d'emprisonnement permet aux malfaiteurs de profession de faire de nouveaux adeptes pour le jour de la libération commune; elle leur donne le loisir nécessaire pour combiner des plans criminels et audacieux. D'autre part, l'emprisonnement, au lieu d'améliorer moralement ceux auxquels il est appliqué, les corrompt, au contraire, par le contact d'une société aux habitudes perverses. « Dans cette prison étroite et resserrée, dit M. Guillot, juge d'instruction, dans son émouvant ouvrage sur « les Prisons de Paris et les prisonniers », sept cents hommes environ, de tout âge, à partir de seize ans, sont entassés les uns sur les autres ; leurs coudes se touchent, les haleines se mêlent ; les corruptions se confondent ; il semble qu'un même sang vicié coule dans toutes ces veines. »

Au cours de l'enquête parlementaire de 1872 sur le régime pénitentiaire, M. Laloue, inspecteur général des prisons, faisait l'aveu suivant : « Avec votre système pénitentiaire actuel, vingt-quatre heures de prison suffisent, dans certaines circonstances, pour perdre une existence. »

Il fallait donc opposer une barrière à cette influence démoralisatrice de la prison commune, véritable source des récidives. Il fallait opérer une transformation dans le système pénitentiaire, faire, en quelque sorte, d'une école du vice une maison de saine correction.

On a cherché le remède à ce péril social dans le régime de l'emprisonnement individuel.

L'emprisonnement individuel ou cellulaire consiste à empêcher toute communication entre les prévenus. Ce mode d'exécution des peines corporelles imprime la crainte plus que l'emprisonnement collectif. La perversité d'un malfaiteur, que la société d'hommes dépravés ne peut que réjouir, peut s'émouvoir de la solitude et de la privation plus sensible de la liberté, qui sont les résultats de la détention individuelle.

Le système de l'isolement paraît, en outre, plus efficace pour l'amendement des détenus, dont la séparation d'avec les criminels endurcis éloigne de toute influence délétère.

Au cas même où le condamné est trop avancé dans la voie du crime pour se dépouiller de ses vices, sa perversité n'atteint pas ses voisins, et si, lors de sa libération, il n'est pas devenu meilleur, il ne saurait être plus pervers.

On a expérimenté jusqu'à ce jour trois modes d'exécution de l'emprisonnement individuel : 1° le régime d'Auburn; 2° le régime de Philadelphie ou de Pensylvanie; 3° le régime Irlandais ou progressif. Un mot sur chacun de ces régimes.

Le régime d'Auburn, pratiqué à New-York et en Belgique, a un caractère mixte : il consiste dans l'emprisonnement collectif, sous la stricte obligation du silence absolu, pendant le jour, et dans l'emprisonnement individuel pendant la nuit. D'après ce système, les condamnés travaillent en commun et sont séparés pendant la nuit.

L'expérience a prouvé que ce régime est impuissant à empêcher toute communication entre les détenus. Les prohibitions, si sévères qu'elles soient, sont inefficaces à faire respecter la rigoureuse loi du silence ; et les châtiments corporels qui suivent forcément la violation de cette contrainte sont plutôt de nature à exaspérer qu'à amender le criminel.

Le régime de Philadelphie ou de Pensylvanie consiste dans la séparation cellulaire de jour et de nuit, avec travail, également isolé, pendant le jour. C'est le système de l'emprisonnement individuel proprement dit.

Le régime Irlandais ou progressif est plus humain. C'est un moyen terme entre l'emprisonnement collectif et l'emprisonnement cellulaire, une sorte de conciliation bien entendue entre ces deux régimes.

Le système progressif, comme son nom l'indique, suit une gradation progressive. Le condamné passe par trois épreuves : la première est une période de détention cellulaire absolue ; la deuxième permet au condamné de travailler dans des établissements publics annexés à la prison ; la troisième octroie une libération provisoire et conditionnelle.

Ces procédés successifs ont l'avantage de permettre à la société de tenir compte de l'amendement des détenus. De toutes les variétés de détention individuelle, c'est la plus perfectionnée et celle qui mérite la plus d'attirer l'attention du législateur.

Nous ne nous arrêterons pas à réfuter les objections qu'on a faites contre le régime cellulaire ; nous nous contenterons de citer ces quelques mots de M. Bérenger, en réponse à ces diverses objections : « La peine, dit l'honorable sénateur, dans les discours du 16 juin 1875 à l'Assemblée nationale, n'est pas peine pour être douce. Il faut que la peine soit dure ; si elle n'est pas dure, elle ne corrige pas, et vous n'arrêterez pas ces retours successifs et continuels auxquels se plaisent les récidivistes. Il faut que l'homme qui est en prison sente les rigueurs de la peine. »

Ce qui suffit à prouver que l'emprisonnement individuel a plus d'avantages que d'inconvénients, c'est son application presque générale à l'étranger. Ceci suppose une expérience faite et productive d'excellents résultats.

Le principe de la détention cellulaire est admis de nos jours en Portugal, en Suède, en Norvège, en Danemark, en Hollande, en Belgique, en Angleterre, en Autriche, en Grèce, au Mexique, avec, dans chacun de ce pays, des différences dans son application, que les limites de ce travail ne nous permettent pas d'étudier.

Il n'est pas sans intérêt d'examiner les divers projets de modifications, proposées dans le cours de ce siècle, du système pénitentiaire français.

On sait que le Code pénal avait consacré, pour tous les établissements pénitentiaires, le régime de l'emprisonnement collectif.

En 1830, la Chambre des députés adressait au roi Louis-Philippe une demande tendant à la mise en pratique en France du régime de la détention cellulaire. Elle se fondait sur les excellents résultats obtenus en Amérique par l'application de ce régime. Les jurisconsultes et la presse, cédant à un sentiment de moralisation bien entendue, préconisèrent la réforme. On envoya aux États-Unis des délégués pour étudier sur place le régime de l'emprisonnement individuel.

Dès 1840, un projet de loi était déposé sur le bureau de la Chambre, tendant à l'adoption du principe de la détention cellulaire ; et, en 1844, la Chambre des pairs donnait un avis favorable sur le rapport de M. de Tocqueville, à l'établissement du système cellulaire absolu. Les corps judiciaires et administratifs furent invités à donner leur avis sur cette adoption. Cette consultation dura jusqu'en 1847, époque où le projet revint devant la Chambre des Pairs.

Dans l'intervalle, l'administration, impatiente du vote de la loi, avait fait effectuer à Paris et dans un grand nombre de départements des prisons selon le mode cellulaire.

La Révolulion de 1848 vint compromettre ces bonnes dispositions de l'Assemblée. Malgré ce temps d'arrêt subi au sein du Parlement par le projet de loi, le ministère de l'Intérieur autorisa la continuation des travaux de transformations.

Mais une réaction regrettable s'ensuivit. Obéissant à un sentiment de philanthropie exagérée, la presse avait changé le cours des idées autrefois dominantes. Les circulaires ministérielles en revinrent à remettre en pratique la détention collective. Cependant, malgré ce revirement de l'opinion publique le système de la séparation cellulaire conserva des partisans fervents.

La question resta irrésolue jusqu'en 1872. A cette époque, l'idée de la séquestration individuelle des condamnés regagna le terrain qu'elle avait perdu précédemment. Le 25 mai 1872, l'Assemblée nationale, sur la motion de M. d'Haussonville, nomme une commission d'enquête parlementaire sur le ré_ gime des prisons.

Cette commission se livre, pendant deux ans, aux investigations les plus minutieuses. Les Directeurs des prisons sont consultés. On prend également l'avis des corps judiciaires. On rencontre partout des adhésions unanimes à l'adoption de la séparation individuelle.

La loi, si impatiemment attendue par l'opinion publique et par l'administration pénitentiaire, était votée le 5 juin 1875.

Il ne faudrait cependant pas croire que la réforme de 1875 soit le dernier mot prononcé en matière pénitentiaire. Les partisans du régime cellulaire absolu ont dû faire le sacrifice d'une partie de leurs prétentions devant les nécessités budgétaires et aussi devant les résistances opiniâtres opposées par les champions de l'emprisonnement collectif.

La réforme de 1875 n'est donc que partielle : elle n'a trait qu'aux prisons départementales. De tous les établissements pénitentiaires français, les prisons départementales sont les plus nombreux. Sur 456 établissements pénitentiaires, il y a 379 prisons départementales. Elles sont situées dans les chefs-lieux de département et d'arrondissement et elles sont formées par la réunion des maisons d'arrêt, où est subie la détention préventive, et de correction, où est subie la peine d'emprisonnement ne dépassant pas un an et un jour.

La réforme de la loi de 1875, ne s'étend donc ni aux condamnés dont la durée de l'emprisonnement excède un an et un jour, ni aux condamnés à la réclusion. Les détenus continuent, comme par le passé, à subir leur peine sous le régime de la détention collective.

On le voit, la sollicitude du législateur s'est portée exclusivement sur les individus détenus préventivement et les condamnés à des peines de courte durée. La préférence du législateur se justifie non seulement par la multiplicité des prisons départementales, mais encore par cette considération que ces établissements sont les véritables écoles du crime dans lesquelles passent la grande majorité des récidivistes, et qu'il est rare qu'elles ne soient pas, pour ainsi dire, l'antichambre des établissements pénitentiaires plus sévères. Comme dit le poète, « quelque crime toujours précède de grands crimes, » et l'on constate que les récidivistes se recrutent pour les neuf dixièmes parmi la population ordinaire des prisons départementales.

Le mode d'exécution du nouveau régime des prisons départementales est la séparation cellulaire de jour et de nuit.

Il est regrettable que le Gouvernement se soit heurté, dans le cercle d'application de cette loi, à des difficultés budgétaires. Comme les prisons départementales sont affectées au service du département dans lequel elles sont situées, elles font partie du domaine de ce département. On comprend que tous les départements ne peuvent pas, sur leurs seules ressources, opérer les transformations très onéreuses exigées par la loi. Ainsi, depuis 1875, vingt-trois prisons départementales seulement ont été définitivement affectées au régime individuel.

Ajoutons qu'une Commission d'examen, nommée le 17 juin 1890, à la Chambre des députés, se trouve actuellement saisie d'un projet de loi tendant à rendre l'application de la loi du 5 juin 1875 progressivement obligatoire pour les départements. Le projet autorise le Gouvernement à pourvoir d'office, après certains délais, aux travaux exigés par la loi.

Entrons maintenant dans les détails de cette loi. La séparation individuelle s'applique à la détention préventive comme à la détention pénale dont la durée n'excède pas un an et un jour. Pour ces deux sortes de détention, l'emprisonnement cellulaire est obligatoire.

Les condamnés correctionnels à un emprisonnement de plus d'un an et un jour échappent à cette loi. Mais, comme cette mesure législative a été édictée dans l'intérêt moral des condamnés, et dans un intérêt social, l'art 3, parag. 1ᵉʳ, dispose que cette dernière catégorie de condamnés, qui doivent régulièrement subir leur peine dans les prisons centrales, peuvent, sur leur demande, être soumis au régime de l'emprisonnement individuel. Les condamnés à plus d'un an et un jour d'emprisonnement peuvent invoquer la faculté qui leur est accordée par la loi à toute époque de la durée de leur peine.

Il découle de ce qui précède :

1° Que les condamnés correctionnels à plus d'un an et un jour d'emprisonnement ne pourraient être soumis, contre leur volonté, au régime de la séparation individuelle ;

2° Que l'administration pénitentiaire a le droit de rejeter la demande d'un condamné correctionnel à plus d'un an et un jour tendant à subir sa peine en cellule. Le texte de l'article 3 ne dit pas, en effet, « devront être soumis » ; mais, « pourront être soumis ». Cette interprétation résulte, d'ailleurs, des débats auxquels a donné lieu la discussion de la loi : « C'est une faculté, disait M. Voisin en expliquant le but de l'article précité, pour les individus condamnés à plus d'un an et un jour de prison, de demander la cellule. L'administration examinera leur demande, et si cela se peut, elle leur accordera cette faveur de ne pas être confondus avec les malfaiteurs de toute espèce.. »

Cette manière de voir a été consacrée par un arrêt de la Cour de Paris, en date du 8 février 1876. La jurisprudence est définitivement fixée en ce sens. (Dalloz, 76. 2. 107.)

La décision d'admission au régime cellulaire n'est pas irrévocable et le condamné peut, dans certains cas exceptionnels, être rendu à la vie en commun.

Le nouveau régime pénitentiaire entraîne de plein droit la réduction d'un quart sur la durée de toute peine infligée. Le législateur a considéré, à juste raison, que la détention cellulaire était plus sévère que la détention collective et qu'il convenait d'abréger dans une mesure équitable la durée de l'emprisonnement individuel.

Toutefois, cette réduction ne s'opère pas sur les peines de trois mois et au-dessous (art. 4, parag. 2). Cette disposition conduit à cette conséquence illogique, que l'individu condamné à trois mois de prison subit, en fait, la même peine que le condamné à quatre mois.

Pour qu'il y ait lieu à réduction, il faut que le condamné subisse sa peine dans une prison reconnue cellulaire par l'État, ou, tout ou moins, dans une chambre individuelle isolée, quoique non cellulaire, au sens technique du mot. (Voir la circulaire du 24 juin 1878.)

Dans le cas où les condamnés à plus d'un an et un jour ont obtenu la faveur d'être soumis au régime cellulaire, la réduction légale du quart ne leur profite que s'ils ont passé trois mois consécutifs dans l'isolement et dans la proportion du temps qu'ils sont restés en cellule (article 4, parag. 3).

Il nous reste à dire quelques mots relativement au mode d'exécution du nouveau régime.

Pour connaître le véritable vœu de la loi de 1875, il faut se reporter au rapport de la commission de l'Assemblée nationale.

Le législateur français a adopté avec certains tempéraments le régime de Pensylvanie, qui consiste dans la séparation cellulaire de jour et de nuit. On a voulu mettre un obstacle absolu au moindre entretien, au moindre contact entre les détenus. D'après le désir de la loi, le travail doit être également isolé et sévèremeut surveillé par les gardiens ou contremaîtres. Chaque détenu est voué, dans la mesure du possible, à ses aptitudes professionnelles. Il doit recevoir, dans sa cellule, à certains jours, l'aumônier de la prison, les membres des commissions de surveillance, ses parents ou amis sous certaines conditions, enfin toutes personnes qui, par leur profession ou leur parenté, peuvent contribuer à l'œuvre de ses amendements.

Il est regrettable, comme nous l'avons fait observer plus haut, que la situation budgétaire et la perspective de frais considérables ne permettent pas la transformation immédiate des prisons départementales en prisons cellulaires. Aussi la loi de 1875 a-t-elle soin d'ajouter : « Le nouveau régime pénitentiaire sera appliqué au fur et à mesure de la transformation des prisons. »

La lenteur avec laquelle s'opère cette transformation des prisons départementales a nécessité des mesures de douceur en faveur de certains détenus plus recommandables. Tel est l'objet de la circulaire ministérielle du 10 août 1875, des circulaires du 25 août et du 6 décembre 1876, et de l'instruction ministérielle du 3 juin 1878.

Enfin, pour atténuer, autant que faire se peut, les inconvénients du régime de l'emprisonnement en commun, un décret des 11-16 novembre 1885, rendu sur la proposition du ministre de l'Intérieur, après un avis conforme du Conseil supérieur des prisons, a établi des catégories diverses de détenus, rend obligatoire l'isolement des jeunes détenus de moins de 16 ans et réglemente les heures et la surveillance des promenades dans les cours et préaux de la prison.

TITRE II

MOYENS ÉLIMINATOIRES. — RELÉGATION DES RÉCIDIVISTES

La loi du 27 mai 1885, en entrant dans la législation française, est venue établir une différence entre les condamnés primaires et les malfaiteurs d'habitude. Son but a été d'appliquer la mesure exceptionnellement rigoureuse de la relégation aux récidivistes irréductibles dont on doit débarrasser la société qu'ils souillent de leur présence.

Nous examinerons successivement les conditions légales de la relégation et les diverses juridictions qui peuvent la prononcer.

SECTION PREMIÈRE

DES CONDITIONS DE LA RELÉGATION

Nous étudierons, sous cette rubrique, quelles sont les conditions de la relégation au double point de vue des personnes qui peuvent en être frappées et des faits qui la font encourir.

I.

Personnes qui peuvent encourir la relégation.

Il est à remarquer, d'abord, que la relégation est encourue indistinctement par les récidivistes de nationalité française et par des récidivistes de nationalité étrangère condamnés par les tribunaux français. Les lois de police et de sûreté assujettissent aux pénalités qu'elles édictent tous ceux qui résident sur le territoire français.

Aucune distinction n'est établie également au point de vue du sexe du récidiviste : les femmes, aussi bien que les hommes, encourent la relégation. Seuls, les modes d'exécution de la peine sont différents, suivant le sexe du récidiviste (articles 20, 29 et 30 du règlement d'administration publique du 26 novembre 1886).

L'âge du condamné, au contraire, a été pris en considération par la loi (art. 8). Le récidiviste qui serait âgé de plus de soixante ans, à l'expiration de la peine emportant relégation, ne pourra être relégué. La relégation sera remplacée, dans ce cas, par l'interdiction perpétuelle du séjour. En outre, le récidiviste qui, à l'expiration de sa peine, n'aurait pas encore atteint l'âge de vingt et un ans, ne pourra pas plus faire l'objet de cette mesure exceptionnelle. Il devra seulement être détenu dans une maison de correction jusqu'à sa majorité.

C'est donc l'âge précis du condamné, à l'expiration de la peine principale qu'il a encourue, qui sert à déterminer l'application de la relégation.

Pour calculer la date de la libération, le juge n'a pas à se préoccuper des mesures de clémence qui peuvent intervenir en faveur du condamné. Il n'a qu'à tenir compte de la durée normale de la peine qu'il prononce. Si le récidiviste est gracié avant d'avoir atteint l'âge de soixante ans, il ne saurait encourir la relégation, après coup, puisque cette mesure exceptionnelle est l'accessoire d'une peine principale et ne peut émaner que de la juridiction des tribunaux.

On s'est demandé à partir de quel moment le juge doit, pour arriver à déterminer la date de la libération, compter la durée de la peine qu'il prononce.

Prenons des espèces :

Un récidiviste, âgé de cinquante-neuf ans et cinq mois, est condamné, le 1er janvier à six mois de prison pour vol. Si l'on prend, comme point de départ des six mois, le jour de la condamnation, l'expiration de la peine doit arriver avant que le condamné ait atteint soixante ans. Le juge prononce donc la relégation. Mais voilà que le condamné fait appel, et la condamnation est confirmée le 15 février. Or, si la Cour prend pour point de départ de l'expiration de la peine la date de son arrêt et non plus celle du jugement, le condamné aura plus de soixante ans à l'époque de sa libération.

Que doit faire la Cour, en présence de cette situation bizarre ? Si elle substitue à la relégation l'interdiction de séjour, il dépendra du condamné, en faisant appel, de s'affranchir de la relégation ; si non, la durée de la peine aura été comptée avant que la condamnation soit devenue définitive.

A l'inverse, un récidiviste âgé de vingt ans et cinq mois, est condamné à six mois de prison pour vol. Le tribunal ne peut prononcer la relégation, pour le motif que le condamné n'aura pas atteint vingt et un ans à l'expiration de sa peine. Mais voilà que le ministère public fait appel, et la Cour confirme la condamnation un mois et demi plus tard. En prenant pour point de départ la date de l'arrêt confirmatif, l'expiration de la peine se placera à une époque où le condamné avait atteint l'âge de vingt et un ans. La Cour doit-elle prononcer la relégation qui n'était point encourue devant les premiers juges?

Nous estimons que l'opinion la mieux fondée au point de vue juridique est celle qui ferait courir la durée de la peine du jour où elle a été définitivement prononcée. Car, jusqu'à ce moment-là, on peut dire que la peine n'a pas d'existence légale. Qu'on ne dise point que cette solution peut être inique dans certains cas. Il est des règles de droit qu'on ne peut violer même quand il s'agirait de faire triompher la raison et l'équité.

Ainsi, d'après l'opinion qui nous paraît la plus conforme aux règles du droit, les délais de l'appel ou du pourvoi en cassation, si ces voies de recours sont formées, auront, dans certains cas, pour conséquence tantôt de permettre au condamné d'échapper à la relégation, tantôt de la faire encourir par celui qu'elle ne pouvait encore atteindre, à raison de son âge, devant les premiers juges.

Remarquons, en terminant l'examen de cette question, que les condamnations encourues avant l'âge de vingt et un ans comptent pour le calcul des peines devant entraîner la relégation, dans les conditions fixées par l'article 4 de la loi de 1885.

II

Faits qui font entraîner la relégation.

Quels sont les faits qui peuvent donner lieu à la relégation ? Nous avons dit déjà, que cette mesure exceptionnelle a été instituée pour purger la société des malfaiteurs d'habitude, dont la conduite peut devenir un danger pour l'ordre établi. Mais, et c'est ici que la question devient délicate, quels sont les récidivistes que la loi répute irréductibles ?

Le législateur de 1885 a adopté un système de présomption légale d'incorrigibilité, élevée à la hauteur d'un criterium de certitude. Pour établir cette présomption *juris et de jure*, il a pris pour bases, tout à la fois, le nombre des condamnations antérieures, le délai dans lequel elles ont été prononcées, la gravité des peines encourues, la nature de l'infraction qui les a entraînées.

Ces éléments sont contenus en substance dans l'article 4.

La relégation est une mesure obligatoire ; elle n'a point un caractère facultatif pour le juge. Le législateur a voulu, par là, prévenir l'arbitraire. Cependant, ce principe est considéré comme trop absolu et trop inflexible par les meilleurs esprits : « c'est là, pour nous, dit Garraud, le vice essentiel du système. La loi et le juge doivent se partager la tâche de classer les malfaiteurs dans la catégorie des incorrigibles : la loi fixe toutes les conditions exigées pour que la mesure qu'elle ordonne contre eux puisse être prononcée, le nombre requis de condamnations, leur nature et leur gravité ; mais le choix définitif entre la peine ordinaire et la peine exceptionnelle doit être laissé au juge. C'est à lui qu'il appartient de faire en dernière analyse, la sélection parmi les criminels. » (*Droit pénal spécial*, t. II, n° 203.)

Nous ne saurions nous associer, quant à nous, à l'opinion de l'éminent criminaliste. Une loi nous paraît d'autant plus parfaite qu'elle laisse moins d'empire à l'arbitraire et à la partialité du juge. C'est bien assez, croyons-nous, que les tribunaux aient à leur discrétion les pouvoirs illimités que leur confère le système des circonstances atténuantes, qui leur permettra d'écarter la relégation, dans les cas où l'équité fera pencher la balance du côté du récidiviste.

Une des principales particularités de la loi du 27 mai 1885 se trouve dans le fait que le législateur, pour fixer la présomption d'incorrigibilité, a pris en considération le délai dans lequel ont été prononcées les diverses condamnations qui servent de base à la relégation. Il est certain que la réitération à intervalle rapproché du même fait punissable, comme aussi le rapprochement de plusieurs infractions de différente nature, impliquent, chez l'agent, une persistance dangereuse à violer la loi sociale. Celui qui, après un manquement à cette loi, se conduit bien pendant quinze ou vingt ans de sa vie, ne peut raisonnablement être considéré comme un criminel de profession.

La loi de 1885 a été plus sage et plus humaine, sur ce point, que le Code pénal. Elle établit un délai, et un *délai d'épreuve*, comme on l'a juste-

ment appelé, auquel il y a lieu d'ajouter la durée de
toute peine subie, et après l'expiration duquel les
condamnations antérieures ne comptent plus au point
de vue de la relégation.

« Seront relégués, dit l'article 4, les récidivistes
qui, dans quelque ordre que ce soit et dans un intervalle de dix ans, non compris la durée de toute peine
subie, auront encouru les condamnations énumérées
aux paragraphes suivants. »

Trois règles se dégagent de ce texte :

1° L'ordre dans lequel les condamnations sont in-
tervenues n'aura aucune influence sur la relégation.
C'est une différence avec la récidive du Code pénal.

2° Pour calculer le nombre des condamnations qui
donnent lieu à la relégation, le juge doit se placer
dans une période de dix ans, en remontant dans le passé
depuis le jour de la dernière qui doit entraîner la relégation. La doctrine et la jurisprudence sont unanimes en ce sens. (Garraud, *op. cit.*, tome II, n° 204 ;
Tournade, Commentaire de la loi du 27 mai 1885,
page 28 ; Cassation, 11 mars 1886, Sirey, 86.1.329.)

Le point de départ de la période décennale se
place-t-il au jour où la condamnation emportant relégation est prononcée, ou bien au jour où elle est devenue définitive ? En sens inverse, le point d'arrivée
du délai, dans le passé, se place-t-il au jour où la
première condamnation est prononcée, ou bien au
jour où elle est devenue définitive ?

Nous croyons que, pour savoir si la première et la
dernière condamnation se trouvent comprises dans
la période décennale entraînant la relégation, on ne
doit tenir compte que de la date même des condamnations, de la date du jugement correctionnel,

s'il est passé en force de chose jugée, de celle de l'arrêt de la Cour, s'il a été formé appel, de la Cour d'assises. Le juge n'aura pas à se préoccuper de la date où la condamnation sera devenue définitive. Il devra examiner, au moment où il se prononce, si, à ce moment-là, la condamnation qu'il va rendre entraîne ou non la mesure de la relégation.

Le législateur n'a pris en considération que la date des condamnations. Il a pensé que le juge, ayant le casier judiciaire sous les yeux, n'éprouverait aucun embarras pour calculer le point de départ et le point d'arrivée de la période décennale. (*Hoc sensu :* Laborde, Revue de la jurisprudence en matière de relégation ; journal *la Loi*, loi du 22 mai 1886, parag. 3, 2e question ; Garraud, *op. cit.*, tome II, n° 204.)

Cependant, la jurisprudence de la Cour de cassation paraît fixée dans ce sens, que le point originaire du délai de dix ans doit se placer au jour où est commise l'infraction, qui motive la dernière condamnation. (Cass. 11 mai, 1886, Sirey 1886.1.329 ; 28 mai 1886, Sirey 86.1.327 ; 10 juillet 1886, Sirey 86.1.393 ; 4 et 19 février 1887, Dalloz, 87.1.233.)

La Cour suprême fonde sa manière de voir sur ce fait que l'opinion contraire conduit à cette conséquence qu'il dépendra du ministère public ou même du prévenu, en faisant traîner en longueur l'information ou la procédure, de faire tomber ou non la relégation.

La doctrine de la Cour de cassation nous paraît se heurter aux dispositions formelles de l'article 4, combinées avec celles des articles 9 et 10. Ces textes établissent clairement que la loi considère uniquement la date des condamnations, qu'il s'agisse de la première ou de la dernière.

3° Dans le calcul de la période décennale, on ne comprend point la durée de toute peine subie. Le détenu n'a pas grand mérite à s'abstenir de crimes ou délits dans l'établissement où il est gardé. La période de dix ans est un délai d'épreuve : la liberté dont jouit l'agent est comme la pierre de touche de sa moralisation ou de son incorrigibilité.

On s'est demandé s'il fallait tenir compte, en appliquant la loi, de la durée des peines prononcées ou de celle des peines subies.

Incontestablement, c'est à la durée des peines subies que les juges doivent s'attacher. L'art. 4 est formel en ce sens. Cette manière de décider provient de ce que le délai décennal d'épreuve jugé nécessaire doit s'écouler pendant que le relégable est en liberté.

L'article 4 prévoit quatre cas de relégation. Dans tous ces cas, les condamnations qui servent de base à la relégation doivent présenter deux caractères indispensables : il faut d'abord qu'elles soient définitives, et ensuite qu'elles viennent d'un tribunal français.

Il faut, en premier lieu, que la série des condamnations soit devenue irrévocable avant la perpétration du dernier fait qui entraîne la relégation. (Cass., 12 novembre 1886, Dalloz, 87.1.145.) Je prends un exemple. Un individu est condamné à vingt ans de travaux forcés le 2 janvier ; le 3 janvier avant que cette condamnation soit devenue irrévocable par l'expiration du délai pour se pourvoir en cassation, il commet un vol qualifié, puni de la réclusion, et il est jugé et déclaré coupable de ce vol qualifié le 1ᵉʳ mars de la même année, à une époque, par conséquent, où la première condamnation est devenue définitive. Doit-il être relégué, par application de l'art. 4, § 1 ? Nullement, pas plus qu'il ne saurait être déclaré récidiviste au sens du Code pénal (art. 56).

Une condamnation par défaut, devenue définitive, compte comme une condamnation contradictoire, au point de vue de la relégation. (Cass., 10 février 1887, Bulletin Criminel, n° 56.)

Dans les décisions précitées, la jurisprudence de la Cour suprême est conforme aux principes juridiques. On ne peut en dire autant de quelques arrêts postérieurs qui permettent aux juges de considérer comme bases de la relégation toutes les condamnations inscrites au casier judiciaire, quelles que soient les dates respectives des infractions commises. (Cass., 18 novembre 1886, Dalloz, 87. 1. 145.). La Cour de cassation se fonde, pour soutenir son système, sur ce que l'expression de récidive employée par le législateur de 1885, n'est pas prise dans le sens que lui donne le Code pénal et sur ce que les termes de l'article 4 de la loi sur la relégation sont absolus et frappent indistinctement tous les individus qui, dans un intervalle de dix ans, défalcation faite de la durée de toute peine subie, ont encouru un certain nombre de condamnations.

Les deux motifs invoqués par la Cour suprême sont dénués de fondement. Il est vrai que la récidive de la loi de 1885 n'est point la même que celle du Code pénal, mais c'est une récidive. Or, qu'est-ce qu'une récidive, juridiquement parlant ? c'est la rechute d'un individu après une condamnation définitive. A quel titre et pour quelle raison les récidivistes de la loi de 1885 ne tomberaient-ils pas sous le coup des principes juridiques de la récidive?

En outre, pour que le raisonnement fût fondé, il faudrait que la Cour de cassation prouvât ce qu'elle admet sans démonstration que l'article 4 a indiqué, au moins virtuellement, les conditions que doivent remplir les diverses condamnations. Or, ce texte n'a indiqué ni expressément ni tacitement ces conditions. Le législateur de 1885 n'a donc point entendu déroger aux principes généraux.

Il faut, en second lieu, que les condamnations, qui servent d'élément à la relégation, aient été prononcées par un tribunal qui était français au moment où il a jugé. Peu importe que les infractions réprimées aient été commises en France ou à l'étranger.

Nous devons énumérer les diverses catégories de délinquants que la loi de 1885 a voulu atteindre?

Il y a d'abord des *grands criminels*, classe de beaucoup la moins nombreuse sur le continent français, grâce aux dispositions de la loi du 30 mai 1854, qui impose aux forçats libérés la résidence dans la colonie.

Il y a ensuite les *récidivistes de délits d délits*; c'est la classe qui pullule dans la société : c'est la tourbe des malfaiteurs de profession.

Il y a enfin les *mendiants, vagabonds* et *gens sans aveu*. Si, comme le dit excellemment notre éminent maître et ami, M. de Pitti-Fernandi, dans ses cours de législation criminelle, le système pénitentiaire français est « comme l'école normale du crime », on peut dire aussi, très justement, en parlant de la mendicité et du vagabondage, que cet état anormal est l'école primaire du crime. Les grands criminels, les récidivistes de délit à délit ont presque toujours commencé par là. Aussi avons-nous vu que l'ancien droit français avait pris des mesures exceptionnelles contre cette classe dangereuse. Il importe au suprême degré que la société fasse disparaître de son sein ces plaies sociales.

Nous allons étudier maintenant les divers cas de relégation.

Le premier cas suppose « deux condamnations aux travaux forcés ou à la réclusion, sans qu'il soit dérogé aux dispositions des paragraphes 1 et 2 de l'article 6 de la loi du 30 mai 1854 ». L'interprétation de ce premier cas ne donne lieu à aucune difficulté. On appliquera la relégation, en plus de l'aggravation de peine due à la récidive du Code pénal.

La loi nouvelle a oublié de prévoir le cas où cet individu, antérieurement condamné à mort et devenu l'objet d'une commutation de peine, encourrait dans la suite une condamnation aux travaux forcés ou à la réclusion. La relégation ne serait pas applicable, dans ce cas, en présence du silence de la loi de 1885, « *nulla pœna sine lege* ».

Le deuxième cas de relégation résulte d'une condamnation aux travaux forcés ou à la réclusion « et deux condamnations, soit à l'emprisonnement pour faits qualifiés crimes, soit à plus de trois mois d'emprisonnement pour : vol ; — escroquerie ; outrage public à la pudeur : — excitation habituelle des mineurs à la débauche ; — vagabondage ou mendicité par application des articles 277 et 279 du Code pénal ».

Le troisième cas exige quatre condamnations soit à l'emprisonnement pour faits qualifiés crimes, soit à plus de trois mois d'emprisonnement pour les délits qui sont spécifiés dans le deuxième cas.

Le deuxième et le troisième cas de relégation ont soulevé de sérieuses difficultés que nous devons examiner.

Remarquons d'abord que l'énumération des délits correctionnels faite par le paragraphe 2 de l'article 4 est essentiellement limitative.

La loi de 1885, en second lieu, ne tient compte, pour baser sa récidive, que de la durée de la peine prononcée et non de la durée de la peine subie. C'est à la condamnation et non à la peine que se réfère l'article 4. Une réduction de peine serait donc sans influence sur la relégation. C'est l'opinion de la majorité des auteurs. (Garraud, *op. cit.*, tome II, n° 211, note 18.) M. Albert Desjardins soutient l'opinion contraire ; d'après lui, le juge doit tenir compte, dans le calcul des condamnations, de la durée de la peine subie et non de celle de la peine prononcée. (Observations sur la loi du 27 mai 1885.)

Il faut décider, d'après les principes généraux, que les condamnations pour complicité et les condamnations pour tentative forment des éléments de récidive devant entraîner la relégation, tout aussi bien que les condamnations pour crimes ou délits consommés. (Cassation, 10 juin 1886, Dalloz, 86. 1.352)

Le premier fait punissable dont le paragraphe 2 fasse mention est le vol. Le législateur de 1885 s'est implicitement rapporté, par cette expression générale de vol, à la disposition de l'article 379 du Code pénal. Il s'ensuit que la relégation pourra être prononcée pour les larcins ou les filouteries. Les faits, qui rentrent dans les termes de l'article 401, sont de véritables vols.

Il faut en dire autant des délits prévus par les articles 388 et 389 du Code pénal.

Mais la relégation ne serait point attachée aux condamnations pour délit commis au préjudice des restaurateurs (art. 401 *in fine*). Il y a fraude dans l'espèce, mais il n'y a ni vol, ni escroquerie, ni abus de confiance. (*Hoc sensu :* tribunal correctionnel de la Seine, 31 décembre 1885, Dalloz, 85.5.399; Lyon, 1er mars 1886, Sirey, 85.2.141 ; Paris, 13 mai 1886 ; Cassation, 5 juin et 9 juillet 1886, Sirey, 86.1.395.)

Après le vol, la loi mentionne l'escroquerie. Aucune difficulté ne peut s'élever à ce sujet.

Relativement à l'abus de confiance, quelques observations sont nécessaires. Nous savons que, sous le titre général d'abus de confiance, le Code pénal prévoit quatre délits distincts. L'article 409 punit simplement d'une amende l'abus de confiance qui consiste dans la soustraction d'une pièce produite dans une instance. Ce fait ne peut donc constituer un abus de confiance, au point de vue de la relégation.

Quant à l'abus de blanc-seing, puni par l'article 407, et l'abus de confiance proprement dit, réprimé par l'article 408, incontestablement ils emportent la relégation.

Quid de l'abus des faiblesses et des passions d'un mineur (art. 406)?

Bien que le Code pénal ait rangé ce fait sous la rubrique générale d'abus de confiance, nous ne croyons pas qu'il constitue un véritable abus de confiance dans le sens de la loi sur la relégation. Abuser de la confiance de quelqu'un, ce n'est point abuser de ses faiblesses et de ses passions.

Les quatre derniers faits punissables dont fait mention l'article 4 ne présentent aucune difficulté.

Le quatrième cas de relégation suppose sept condamnations, dont deux au moins prévues par les 2° et 3° de l'article 4, et les autres, soit pour vagabondage, soit pour infraction à l'interdiction de résidence simple, par application de l'article 17 de la loi du 27 mai 1885, à la condition que deux de ces autres condamnations soient à plus de trois mois d'emprisonnement.

Il est certain, bien que le texte ne renvoie pas au paragraphe 1, qu'une condamnation aux travaux forcés ou à la réclusion doit compter, au point de vue de la relégation, autant qu'une condamnation à l'emprisonnement pour vol ou escroquerie. On ne pourrait soutenir sérieusement le contraire.

On s'est demandé si l'on pourrait remplacer les condamnations à plus de trois mois pour vagabondage, spécifiés par le paragraphe 4 de l'article 4 par des condamnations pour crime, ou par des condamnations à plus de trois mois pour un des délits spécifiés au paragraphe 3 de l'article 4.

Le quatrième cas de relégation exige : 1° au moins deux condamnations prévues par les paragraphe 1, 2 et 3 de l'article 4 ; 2° cinq condamnations pour vagabondage ou interdiction de séjour.

De ces cinq dernières condamnations, la loi fait deux catégories : la première comprend deux condamnations à plus de 3 mois d'emprisonnement, et la seconde, trois condamnations à des peines quelconques.

Il résulte de la discussion à laquelle a donné lieu la loi de 1885 que, pour la première catégorie, il suffit qu'il y ait, parmi les deux condamnations exigées, une condamnation pour vagabondage ou interdiction de résidence. La seconde condamnation peut être une de celles appartenant au premier groupe, dont la loi dit : « deux au moins des condamnations prévues par les deux paragraphes précédents ». (Cassation, 26 juin 1886, Dalloz, 86.1.352 ; Garraud, *op. cit.*, tome II, n° 212.)

En ce qui concerne la seconde catégorie, c'est-à-dire trois condamnations à des peines quelconques, une controverse très vive s'est élevée au sujet de savoir si ces trois condamnations, doivent nécessairement porter sur le vagabondage ou l'interdiction de séjour, ou si les délits précités pourraient être remplacés par ceux spécifiés dans l'article 4, paragraphe 4.

La Cour de cassation décide, à tort selon nous, que l'on peut valablement substituer à des condamnations pour vagabondage ou interdiction de séjour des condamnations pour vols ou autres délits spécifiés par le paragraphe 4. Elle prétend qu'en énonçant, dans le paragraphe 4, que les condamnations pour des faits énumérés par les paragraphes précédent doivent être de deux *au moins*, la loi a eu pour but de spécifier un minimum et non d'en limiter le nombre, et que, par suite, lorsqu'il atteint un chiffre supérieur, il entraîne *a fortiori* la relégation. (Cass., 13 mars 1886, Sirey, 86.1.333 ; 25 juin 1886, Sirey, 86.1.392 ; 11 mars 1887, Dalloz, 87,1,413.)

Cette jurisprudence nous semble en contradiction formelle avec le texte de la loi. Elle se heurte également à son esprit, puisque la législation a voulu atteindre une catégorie spéciale de délinquants, les vagabonds d'habitude, classe d'autant plus dangereuse pour la société que la criminalité augmente avec son développement. *Sic* : Laborde, *la Loi*, 22 mai 1886 ; Garçon, sur la loi du 27 mai 1885, n° 60 ; Garraud, *op. cit.*, tome II, n° 212. — *Adde* : Paris, 12 avril 1886, Dalloz, 86. 2. 62 ; Bourges, 21 janvier 1886, Dalloz, 86. 2. 57 ; Orléans, 9 février 1886, Dalloz, 86. 2. 59.

Des difficultés, non moins sérieuses, se sont élevées pour le cas où plusieurs délits ont été punis d'une peine unique alors que les uns sont spécifiés par la loi de 1885 et les autres par le Code pénal. Ainsi, par exemple, un individu a été condamné à une peine unique pour vol et outrages aux agents.

Il peut arriver aussi que les deux délits, bien que prévus par la loi de 1885, ne rentrent pas dans les mêmes cas de relégation, par exemple, un vol et un délit de vagabondage simple.

La meilleure règle sur ce point serait , à notre sens, la règle suivante : Toutes les fois qu'il sera possible de déterminer le quantum de la peine correspondant à chacun des délits, la condamnation comptera ou ne comptera pas, suivant qu'elle aura été prononcée pour tel ou tel délit, dans les conditions de nature et de durée fixées par la loi (Voir, sur ces question : Vielly, en note de Sirey 86. 2. 74 ; Laborde la Loi, 26 mai 1886 ; Tournade, n° 16 ; Garçon, n° 48 ; Garraud, *op. cit.*, tome II, n° 214 ; Cassation, 1er mai 1886, Sirey. 86. 1. 397 ; 27 mai 1886, Dalloz,

1. 229. 10 juin 1886, Dalloz, 86.1. 351 ; 25 juin 1886, Dalloz, 86. 1. 352 ; Montpellier, 11 mars 1886, *la Loi*, 8 avril 1886 ; Orléans, 9 février 1886.)

L'article 6 de la loi du 27 mai 1885 dispose que les condamnations qui auront fait l'objet d'une grâce, commutation ou réduction de peine, compteront pour la relégation. La grâce n'efface point les effets de la condamnation. La réhabilitation, au contraire, depuis la loi du 14 août 1885, efface la condamnation et fait disparaître, pour l'avenir, toutes les incapacités qui en résultent. Les condamnations ayant fait l'objet d'une réhabilitation ne seront donc pas comptées au point de vue de la relégation. C'est d'ailleurs ce que décide formellement l'article 5 *in fine* de la loi du 27 mai 1885. Il en est de même de l'amnistie, qui efface le délit comme la condamnation. Quant à la prescription, elle doit être assimilée à la grâce : elle libère le condamné de la peine, mais sans le décharger de la condamnation.

L'article 9 de la loi que nous étudions s'occupe de la situation transitoire faite aux repris de justice. « Les condamnations encourues antérieurement à [la présente loi seront comptées, au point de vue de la relégation, conformément aux dispositions précédentes. Néanmoins, tout individu qui aura encouru, avant cette époque, des condamnations pouvant entraîner, dès maintenant, la relégation, n'y sera soumis qu'en cas de condamnations nouvelles dans les conditions ci-dessus prescrites. »

Cette disposition est tout à fait logique. D'une part, le juge doit tenir compte des condamnations encourues antérieurement à la loi, car, ne pas en tenir compte, ce serait reculer indéfiniment l'appli-

cation de la relégation. D'autre part, quel que soit
le nombre, quelle que soit la nature de ses condamnations antérieures, le récidiviste ne tombera sous
le coup de cette mesure exceptionnelle que s'il brave
l'avertissement qui émane de la promulgation de la
loi de 1885.

SECTION II

DES TRIBUNAUX COMPÉTENTS POUR PRONONCER LA RELÉGATION. — PROCÉDURE A SUIVRE

La question de la compétence est traitée par l'article 2 de la loi du 27 mai 1885. Il résulte de ce
texte que les tribunaux ordinaires seuls, cour d'appel, cour d'assises, tribunaux correctionnels, ont qualité pour prononcer la relégation. Par exception, les
conseils de guerre, en Algérie, pourront prononcer
la relégation contre les indigènes des territoires de
commandement qui auront encouru, pour crimes
ou délits de droit commun, les condamnations prévues par la loi (art. 20).

Il résulte, en outre, de la disposition de l'article 2
que les tribunaux ordinaires ont la faculté — ce
n'est pas pour eux une obligation — de tenir
compte des condamnations prononcées par les tribunaux militaires ou maritimes dans les conditions
prévues par la loi.

Ces dispositions de la loi du 27 mai 1885 ne sont
pas à l'abri de la critique. Au cours des débats sur
cette loi, M. Lockroy a relevé à l'encontre de l'article 2 des singularités qu'il convient de faire connaître : « Un individu, dit-il, condamné d'abord par

le conseil de guerre puis par une juridiction ordinaire, ne sera relégué que si le tribunal le décide. Si, au contraire, nous supposons qu'il est condamné par un tribunal militaire, il ne pourra pas être relégué. Ajoutons à cela qu'un militaire qui a un complice civil ne peut être renvoyé devant un conseil de guerre, et que, par suite, il encourra la relégation qu'il n'aurait pas encourue s'il n'avait pas eu un complice civil. » Ces observations sont parfaitement justes. La loi du 27 mai 1885, se ressent un peu trop, dans certaines de ses dispositions, de la rapidité avec laquelle elle a été élaborée.

La relégation étant une peine accessoire, suite légale et forcée de la condamnation, il n'y a pas lieu de viser les textes qui y sont relatifs dans l'acte qui saisit le tribunal, réquisitoire, ordonnance, arrêt de la Chambre d'accusation, assignation.

Mais, aux termes de l'article 10, le jugement ou l'arrêt qui prononce la relégation doit, au contraire, viser « expressément les condamnations par suite desquelles elle sera applicable ». La sentence rendue doit préciser une à une, par leur date, avec indication de la juridiction, de la nature du délit et de la durée de la peine, les condamnations antérieures qui ont entraîné la relégation. L'omission ou la violation de ces formalités, qui sont prescrites à peine de nullité, donnerait ouverture à cassation. (Cass., 18 mars 1886, *Pandectes périodiques*, 1886, 1.112.)

Devant la Cour d'assises, c'est à la Cour et non aux jurés qu'il appartient de statuer sur les antécédents du récidiviste, au point de vue de la relégation.

Par dérogation aux principes généraux de la procédure correctionnelle, la loi sur la relégation exclut la procédure du flagrant délit et exige même, à peine de nullité, qu'un défenseur soit nommé d'office au prévenu (art. 11, parag. 2).

Le législateur a eu raison de formuler ces prescriptions. La mesure de la relégation est trop grave dans ses conséquences pour qu'elle puisse être appliquée après une procédure aussi expéditive et rapide que celle des flagrants délits.

Quelle est la sanction de l'exclusion de la procédure du flagrant délit? Il s'est élevé sur ce point quelques difficultés qu'il n'est pas sans intérêt de mentionner.

Il peut se faire, d'abord, que les prescriptions de l'article 11 aient été violées par le ministère public : la poursuite a eu lieu par les voies sommaires de la loi du 20 mai 1863. Le tribunal s'aperçoit, dans le cours des débats, sur le vu du casier judiciaire, que le prévenu est dans les conditions prévues par la loi sur la relégation.

Aux termes de l'article 11, le tribunal ne pourra pas juger en cet état de la procédure. Que doit-il faire alors ?

Trois opinions sont en présence.

D'après M. Depeiges, dans ses Commentaires sur la loi du 27 mai 1885 (page 68), l'article 11 de la loi sur la relégation aurait pour unique but d'assurer un avocat au prévenu et de lui donner le temps de préparer sa défense. Suivant cette opinion, le procureur de la République a le droit de procéder selon les formes du flagrant délit, pourvu qu'il provoque la nomination d'un avocat d'office et qu'il lui donne un délai de trois jours pour préparer la défense du prévenu.

Ce système est en contradiction manifeste avec le texte de l'article 11. Aussi n'a-t-il point entraîné la majorité des auteurs.

D'après une opinion intermédiaire, admise par la Cour de Bordeaux, les actes qui ont saisi le tribunal seraient seuls entachés de nullité ; les mandats décernés resteraient valables. (Bordeaux, 13 janvier 1886, Sirey, 86.2.65.)

La troisième opinion, qui est celle de la majorité des auteurs, et qui nous paraît la plus juridique, estime que le tribunal doit purement et simplement annuler la procédure entière, depuis le premier acte jusqu'au dernier, c'est-à-dire non seulement les actes de poursuite, mais les actes d'instruction faits par le ministère public, en vertu de la loi de 1863, et le mandat de dépôt qu'il a décerné, et renvoyer le procureur de la République à se pourvoir ainsi qu'il entendra. (Rennes, 6 janvier 1886, Sirey, 86.2.65 ; Cassation, 2 juillet 1886, Sirey, 86.1.399 ; Garraud, *op. cit.*, tome II, n° 220.)

Il peut arriver également que les prescriptions de l'article 11 soient violées par le tribunal lui-même. Je suppose que le tribunal ait été saisi par la voie sommaire autorisée par la loi sur les flagrants délits et qu'il ait condamné le prévenu sans connaître ses antécédents. Le ministère public appelle de cette sentence, et la Cour s'aperçoit, sur le vu du casier judiciaire, que le prévenu est dans les conditions voulues pour qu'il soit fait application de la relégation.

Si l'on admet l'interprétation que nous avons donnée de l'article 11, la Cour devra annuler toute la procédure antérieure et le jugement lui-même.

Mais la Cour peut-elle et doit-elle évoquer le litige et statuer définitivement au fond ?

Deux systèmes ont été émis sur ce point.

D'après le premier, la Cour, après avoir annulé la procédure engagée devant les premiers juges, se verrait dans l'obligation, aux termes de l'article 215 du Code de procédure, d'évoquer l'affaire devant elle et, par suite, de prononcer la relégation. La jurisprudence paraît fixée en ce sens. (Cass., 2 juillet 1886, Sirey, 86.2.65.).

D'après le second système, la Cour doit, après avoir annulé la procédure et le jugement, renvoyer le ministère public à se pourvoir ainsi qu'il appartiendra. Le droit d'évocation n'est possible qu'au cas où le tribunal était compétent pour statuer. Or, dans l'espèce, un vice empêchait les premiers juges de se prononcer valablement sur l'affaire. Si, d'ailleurs, la Cour pouvait juger au fond, les tribunaux correctionnels pourraient impunément violer les prescriptions de l'article 11 de la loi de 1885. (*Hoc sensu :* Garraud, *op. cit.*, tome II, n° 220.)

La règle qui prescrit la désignation d'un défenseur d'office et qui interdit la procédure sommaire des flagrants délits, en matière de relégation, s'applique également aux deux mesures qui remplacent la relégation à raison de l'âge du condamné, c'est-à-dire l'interdiction de séjour et le renvoi du mineur de vingt et un ans dans une maison de correction. (Cass., 25 mars 1887, Dalloz, 87.1.413.)

TITRE III

MOYENS D'AMENDEMENT ET DE RECLASSEMENT

Si une bonne législation doit employer des mesures répressives contre la récidive, elle doit s'efforcer, dans sa sollicitude, d'empêcher, par toutes sortes de mesures préventives le déliquant de retomber dans l'infraction. Elle ne doit même user des moyens de rigueur qu'après avoir épuisé tous les moyens préventifs de la rechute. Ces derniers ont sur les premiers l'avantage de n'aggraver jamais la perversité.

C'est cette idée de mettre des barrières aux rechutes qui inspirait déjà la loi du 5 juin 1875 sur l'emprisonnement individuel.

Après s'être préoccupé des moyens propres à assurer la moralisation du coupable pendant l'expiation, le législateur français a recherché quels étaient, après l'expiation, les moyens les plus efficaces pour achever son amendement et faciliter son reclassement au sein de la société. Ainsi amender et reclasser : tel doit être le but que doit se proposer le législateur après la libération du condamné.

Nous avons vu que la loi de 1875 s'était ingéniée à remplir dans la mesure du possible l'œuvre d'amendement. La loi sur la libération conditionnelle est venue la compléter. Cette mesure des plus humanitaires a eu pour but de relever le moral des coupables dignes d'intérêt qu'une trop longue séquestration eût été de nature à pervertir et qu'un encouragement généreux peut faire revenir au bien.

Le reclassement social, moyen préventif au premier chef de la récidive, a trait au mode de surveillance des libérés, à leur protection par la création de l'institution du patronage, par la réforme de la loi sur la réhabilitation. Le législateur français s'est aperçu dans ces dernières années que la surveillance de la haute police était le plus souvent un obstacle à la réouverture, pour le libéré, des rangs de la société. Il a supprimé cette mesure par la loi du 27 mai 1885.

Nous examinerons successivement la libération conditionnelle, la suppression de la surveillance de la haute police et son remplacement par l'interdiction de séjour, l'institution du patronage et la réhabilitation.

SECTION PREMIÈRE

DE LA LIBÉRATION CONDITIONNELLE

Donner au prisonnier lui-même les moyens d'abréger son châtiment nous paraît être le meilleur procédé pénitentiaire pour provoquer de sa part, dès le premier jour de sa séquestration, le respect de la discipline, l'amour du travail, l'acheminement au repentir. Il voit dans sa bonne conduite comme l'horizon de la liberté. Peu de mesures semblent plus efficaces pour amener l'amendement moral du coupable. Ici, c'est le prisonnier lui-même qui dispose de sa grâce, et qui possède entre les mains cette « baguette magique » que la constitution met entre celles du chef de l'État.

L'institution bienfaisante de la libération conditionnelle est d'origine anglaise. D'après les rapports officiels du surintendant général des prisons de la Grande-Bretagne, ce système fonctionne avec un succès complet. On a même constaté, depuis sa création, une diminution sensible du nombre des crimes et des délits. (*Bulletin de la Société générale des prisons*, 1879, pp. 67 et suiv. ; 1880, pp. 815 et suiv.)

On remarque chez toutes les nations civilisées une tendance bien marquée à admettre, parmi leurs institutions, la libération conditionnelle. Les pays qui l'ont introduite dans leurs Codes sont les suivants : l'Allemagne (1871), la Belgique (1888), le Danemark (1873), la Hongrie (1878), l'Italie (1889), les Pays-Bas (1881), le Grand-duché d'Oldenbourg (1862), la Saxe (1862), la Suisse (canton d'Argovie en 1868, canton de Neufchâtel en 1873, canton de Vaud en 1875, et canton de Zurich).

La libération conditionnelle a été organisée également en Autriche, en Croatie, dans la Suède et Norwège et dans certains États de l'Amérique.

En France, le principe de la libération conditionnelle a été consacré par la pratique avant de l'être par la loi. Dès 1882, cette institution fut introduite dans l'administration pénitentiaire de la Roquette en ce qui concerne les jeunes détenus mineurs de seize ans. (Circulaire ministérielle du 9 décembre 1832.) L'expérience fut couronnée de succès. L'Administration pénitentiaire de Lyon adopta, à son tour, le système de la libération préparatoire des mineurs de seize ans, sous l'impulsion d'un éminent magistrat, M. Bonneville de Marsangy. Ce nouvel essai augmenta encore la popularité de l'institution. Aussi, en 1850, sous l'influence d'un courant de réaction contre le régime d'emprisonnement appliqué aux mineurs de seize ans, la libération conditionnelle, d'une simple mesure administrative qu'elle était, entra dans le domaine de la loi. L'article 9 de la loi du 5 août 1850 dispose que « les jeunes détenus des colonies pénitentiaires peuvent obtenir, à titre d'épreuve et sous des conditions déterminées par un règlement d'administration publique, d'être placés provisoirement hors de la colonie ».

La loi du 14 août 1885 est venue rendre générale la libération conditionnelle, qui ne s'applique qu'à un cas spécial.

La libération conditionnelle ou préparatoire est définie dans l'exposé des motifs de la loi précitée : « L'acte par lequel l'Administration accorde au condamné, qui a mérité cette récompense par son application au travail et sa bonne conduite, sa mise en liberté anticipée, à la charge par lui de continuer à se conduire honnêtement, et sous la condition qu'il sera réintégré pour achever de subir sa peine s'il donne de nouveaux sujets de plainte. »

Il découle de cette définition que la mesure de la libération conditionnelle est une simple suspension des effets de la peine, après un délai d'épreuve. Partant, si le condamné conditionnellement libéré commet une nouvelle faute avant l'expiration du délai fixé par le jugement pour sa libération définitive, il démontre par là qu'il n'est pas digne de la confiance qu'il avait inspirée avant sa mise en liberté, et est ressaisi par l'administration pénitentiaire jusqu'à l'acquittement complet de la peine qu'il restait à subir au moment de la levée de l'écrou (1).

La libération conditionnelle a un caractère essentiellement facultatif. L'administration est souveraine pour accorder ou refuser cette faveur. Comme le faisait observer très judicieusement M. Bérenger au Sénat, le 22 décembre 1883, il convient que l'administration ne se voit pas la main forcée sur des malfaiteurs avérés dont la mise en liberté prématurée risquerait de causer une juste émotion.

Le bénéfice de la libération conditionnelle peut être accordé à « tous les condamnés ayant à subir une ou plusieurs peines emportant privation de la liberté ». (Art. 2, § 1er.)

Toutefois du rapprochement des articles 1 et 2, il résulte que les peines perpétuelles des travaux forcés à perpétuité et de la déportation ne peuvent faire l'objet de cette faveur. Le condamné ne peut bénéficier de la libération conditionnelle que lors-

---

(1) Cette disposition de la loi de 1885 est critiquable. Nous croyons que le délai d'épreuve est trop court. Pourquoi, au lieu de décider que le libéré conditionnellement sera ressaisi par l'administration pénitentiaire s'il commet une nouvelle faute avant l'expiration du délai fixé pour sa libération définitive, ne pas statuer qu'il ne pourra être repris pour subir le restant de sa peine que s'il ne commet aucune nouvelle faute dans le délai de cinq ans après sa libération conditionnelle. Cette condition de temps serait la plus sûre garantie de l'amendement du libéré conditionnel, en même temps qu'elle mettrait la loi de 1885 en harmonie avec les dispositions des lois postérieures qui ont eu pour but la moralisation des condamnés et de combattre la récidive.

qu'il a subi, en principe, la moitié de sa peine ; or, la perpétuité est indivisible par moitié.

Il faut remarquer cependant que si la condamnation à perpétuité était l'objet d'une commutation ou d'une réduction, le condamné pourrait obtenir le bénéfice de la libération conditionnelle.

Il faut exclure également du bénéfice de la libération conditionnelle prévue par la loi de 1885 les condamnés aux travaux forcés à temps. La situation de ces condamnés est réglée, au point de vue de la libération conditionnelle, par la loi du 30 mai 1854 et le décret du 18 juin 1880.

En ce qui concerne les condamnés passibles de la relégation, la libération conditionnelle de la peine principale n'emporte pas implicitement la libération de la peine accessoire. Elle confère seulement à l'administration la faculté de suspendre l'exécution de la relégation et de laisser en France le condamné, sauf droit de révocation.

La libération conditionnelle ne peut être accordée qu'après un laps de temps suffisant d'expiation et qu'après l'amendement constaté du détenu.

D'abord le condamné doit avoir accompli :

1° Trois mois d'emprisonnement, si la peine est inférieure à six mois ;

2° La moitié de la peine, dans le cas contraire.

En ce qui concerne les condamnés en état de récidive légale, soit en vertu des articles 56 à 58 du Code pénal, soit en vertu de la loi du 27 mai 1885 sur la relégation, la durée de l'emprisonnement exigée pour qu'ils obtiennent la libération conditionnelle est portée à six mois, si la peine est inférieure à neuf mois et aux deux tiers de la peine, dans le cas contraire. On comprend que la loi s'entoure de plus de garanties à l'égard de cette catégorie de récidivistes incorrigibles.

En second lieu, l'amélioration morale du détenu est une des conditions essentielles de la libération conditionnelle. Le législateur de 1885, s'inspirant en cela d'une pratique depuis longtemps établie à l'étranger, a prescrit, comme moyen de constatation de la situation morale du détenu, une sorte de comptabilité écrite mentionnant, jour par jour, les notes individuelles de travail et de conduite (art. 2).

Les arrêtés de mise en liberté sous condition sont pris par le ministre de l'Intérieur, après avis du Préfet, du directeur de l'établissement pénitentiaire, de la commission de surveillance de la prison, et du parquet.

Comme toute mesure gracieuse, la décision de libération conditionnelle est mentionnée en marge des arrêts ou jugements de condamnation; en outre, elle figure au casier judiciaire.

La libération conditionnelle est accompagnée d'une surveillance incessante de l'administration sur la conduite des condamnés qui en obtiennent le bénéfice. L'arrêté ministériel de libération anticipée fixe certains lieux où il est interdit au libéré de résider et de paraître.

Qui dit liberté sous conditions, dit liberté essentiellement révocable. La révocation a lieu soit pour inconduite habituelle et publique, dûment constatée, soit pour infraction aux conditions spéciales exprimées dans le permis de libération (art. 2, § 3).

Les arrêts de révocation sont pris par le ministre

de l'Intérieur après avis du Préfet et du Procureur de la République de la résidence du libéré.

Ces arrêtés sont mentionnés en la même forme que les arrêtés de libération conditionnelle.

Le droit de révocation ne peut s'exercer que pendant le délai légal de la durée de la peine. Toutefois au cas de libération conditionnelle de la relégation, le droit de révocation peut s'exercer dans le délai de dix années à partir de la date d'expiration de la peine principale (art. 2, § 6).

La réintégration du libéré dans l'établissement pénitentiaire a lieu pour toute la durée de la peine non subie au moment de la libération.

Telle est dans son ensemble la loi sur la libération conditionnelle. On a constaté, en 1886 et en 1887, que la réforme avait produit des résultats très satisfaisants. D'après les documents officiels les plus récents, l'épreuve se révèle de plus en plus concluante en faveur de l'institution. « A quelque point de vue que l'on se place, dit le ministre de l'Intérieur dans son rapport au Président de la République, le champ apparaît libre pour l'extension du système inauguré. » (Rapport du 15 juin 1890.) Depuis l'application de la loi jusqu'au 1er octobre 1891, 6.160 détenus ont obtenu la libération conditionnelle. Pour ne prendre que l'année 1890, sur 1.386 libérations accordées, il y a eu seulement 22 révocations. On le voit par ces données, la réforme de 1885 est appelée à rendre de sérieux avantages parmi les mesures préventives de la récidive, et, comme telle, elle mérite de prendre rang parmi les institutions qui font le plus d'honneur à l'humanité.

SECTION II

SUPPRESSION DE LA SURVEILLANCE DE LA HAUTE POLICE.
INTERDICTION DE SÉJOUR

L'une des sources les plus fécondes de la récidive est sans contredit l'extrême difficulté qu'éprouve le libéré, même repentant et amendé, à rentrer dans la société dont son inconduite l'avait séparé momentanément. Le creuset de l'emprisonnement ne purifie que l'âme du condamné, il n'a aucune action sur sa réputation souillée. La tache survit à la peine même la plus rigoureuse. On l'a dit très justement, « la loi ne condamne que pour un temps, l'opinion, elle, condamne à perpétuité ». (Michaux, *Etude sur la question des peines.*) Un infortuné, sous l'empire de la faim, a volé. La loi l'a condamné. Une fois libre, il est à la rue, sans ressources. Il cherche du travail, mais il n'en trouve pas ; la défiance et le mépris le poursuivent partout. C'est l'histoire, hélas ! de la plupart des libérés, et fatalement, ces malheureux, dénués de toutes ressources, se révoltent contre la société qui leur refuse le travail et la confiance. Un moment de désespoir leur fait oublier toutes les bonnes résolutions qu'ils avaient prises. Les voilà de nouveau en lutte avec la société, dont ils bravent les lois.

Pendant longtemps, parmi les obstacles insurmontables qui se dressent devant le libéré, figurait la surveillance de la haute police.

Toute société bien policée a incontestablement le droit et le devoir de prendre à l'égard du libéré des mesures de défense et de sécurité publiques. Mais encore faut-il que les garanties exigées par la loi ne soient pas une prime à la réprobation publique contre le libéré.

La défectuosité de la surveillance de la haute police provenait de ce fait que la situation du libéré était connue de tous, et que, par là, tout espoir de travail lui était refusé. Or, s'il est juste que les mesures de précaution sociale ne se tournent point contre la société, il ne l'est pas moins qu'elles ne se tournent point contre le libéré.

Le régime de la surveillance de la haute police consistait à interdire au surveillé l'accès de certains lieux et à le confiner, avec défense d'en sortir sans autorisation, dans la résidence qu'il avait choisie ou qui lui avait été assignée (art. 11 et 44 à 50 du Code pénal; décret du 30 août 1875 ; circulaire ministérielle du 5 novembre 1875).

Sous ce régime, le libéré devait toujours porter sur lui, témoignage irrécusable de son passé, une feuille de route mentionnant ses condamnations antérieures. Le châtiment continuait donc même après la libération. Dans le lieu de son internement, l'opinion publique ne tardait pas à mettre à découvert la marque infamante de son passé : dès lors, plus de réhabilitation possible, le désœuvrement forcé, la misère.

Si le surveillé essayait de secouer le joug vexatoire qui l'oppressait, en prenant la fuite pour des contrées où sa situation serait ignorée, il était menacé d'être condamné pour rupture de ban. La rupture de ban, « cette évasion sans prison rejetait, par un mouvement de flux et de reflux, les malheureux de la misère dans la prison et de la prison dans la misère ». (Discours de M. l'avocat général Sarrut à l'audience de rentrée de la Cour de Paris, le 16 octobre 1890.)

La récidive était le résultat le plus manifeste de cet état de choses.

Ce système de vexations inquisitoriales et de procédés odieux et flétrissants pour le surveillé avait été maintes fois signalé à la tribune et dans la presse.

Il était temps d'apporter remède à cette situation odieuse faite aux libérés. La réforme si longtemps attendue est intervenue en 1885. Elle est contenue dans l'article 19 de la loi du 27 mai 1885.

Au moment de la discussion de cette loi, la Chambre des députés, émue des résultats néfastes de la surveillance de la haute police, et prise d'un zèle généreux, mais outré, avait en première délibération, abrogé, purement et simplement, toutes les dispositions relatives à ce régime vexatoire.

Mais on ne tarda pas à comprendre que cette mesure serait imprudente, et qu'il convenait de prendre un moyen terme entre les intérêts de la société qu'il était nécessaire de mettre en garde contre les dangers provenant des antécédents du libéré et les intérêts de ce dernier, auquel il fallait à tout prix conserver les moyens de gagner sa vie par le travail, afin qu'inévitablement, il ne fût pas poussé à la récidive.

En dernière analyse, le Parlement n'abolit que l'assignation de résidence et les mesures vexatoires de police.

Tel est l'objet de l'article 19, § 2, de la loi du 27 mai 1885. Aujourd'hui le libéré est soumis à l'interdiction de paraître dans certains lieux à lui désignés par le Gouvernement. Il conserve la faculté d'aller et de venir où bon lui semble, sauf dans les lieux dont l'accès lui est interdit.

Certaines localités sont interdites, à titre général, à tous les individus soumis à l'interdiction de séjour. Citons, dans cette catégorie, Marseille, Nice et Bordeaux.

Certaines localités ne sont interdites qu'à titre spécial. Ainsi, tout individu condamné pour attentat à la pudeur, incendie, meurtre ou menaces de mort, ne peut reparaître dans la commune, l'arrondissement ou le département où il a commis son crime. C'est à l'Administration de décider si la présence de tel libéré dans la commune, l'arrondissement ou le département est pour la population une cause de péril ou d'effroi.

Les interdictions de séjour sont signifiées au condamné avant sa mise en liberté. Ces interdictions sont contenues dans un arrêté du ministre de l'Intérieur.

Comme la surveillance de la haute police, l'interdiction de séjour est une mesure à la fois préventive et pénale. Il découle de ce dernier caractère qu'elle ne peut être prononcée que par les tribunaux et dans les cas prévus par la loi.

Au surplus, comme la surveillance de la haute police, l'interdiction de séjour est une peine tantôt accessoire, tantôt complémentaire, tantôt principale.

D'abord elle peut être accessoire. D'après les articles 46 § 3, et 47, § 1er, du Code pénal, l'interdiction de séjour est accessoire et facultative pour certaines condamnations : accessoire, en ce sens que, dans le silence de l'arrêt ou du jugement, elle est attachée de plein droit aux travaux forcés à temps, à la réclusion, à la détention et au bannissement ; facultative, en ce sens que l'arrêt ou le jugement peut, en prononçant une de ces dernières peines, réduire ou supprimer l'interdiction de séjour.

Il faut donc que l'arrêt ou jugement s'explique sur la réduction ou la suppression de l'interdiction de séjour. L'omission de ces mentions motiverait la cassation de la sentence. (Cass., 24 décembre 1885 ; 25 février, 25 mars et 8 avril 1886, *Bulletin criminel*, à leur date.)

La relégation, peine perpétuelle subie hors de France, est exclusive de l'interdiction de séjour, qui ne peut être subie qu'en France. (Cass., 8 avril 1886. *Pandectes françaises périodiques*, 86. 110 ; 20 sept. 1888, Dalloz, 89. 1. 121.)

En second lieu, l'interdiction de séjour peut être complémentaire. A ce titre, cette peine est tantôt obligatoire, tantôt facultative pour le juge. Elle est obligatoire dans le cas de condamnation pour crimes ou délits contre la sûreté intérieure ou extérieure de l'État (art. 49 du Code pénal).

Elle est facultative dans l'hypothèse des articles 57, 58, 246, 271, 282, 305, 306, 307 et 401 du C. P. La durée de l'interdiction est, dans ces cas, fixée par la loi ; mais le tribunal peut toujours, au moyen de l'admission des circonstances atténuantes, réduire la durée de l'interdiction.

Enfin l'interdiction de séjour peut être principale. C'est le cas des articles 100 § 2, 108 § 2, 138 § 2, 144, 213 et 271 du Code pénal. C'est alors une peine directe et isolée, rentrant dans la catégorie des peines principales.

L'interdiction de séjour est, en principe, une peine temporaire, dont la durée est fixée soit par la loi, soit par le jugement ou l'arrêt de condamnation.

Il existe un cas, cependant, où l'interdiction de séjour est perpétuelle : c'est lorsqu'elle est substituée à la relégation pour les récidivistes qui auraient dépassé soixante ans à l'expiration de la peine principale. (Art. 8 de la loi du 27 mai 1885.)

L'amnistie et [la réhabilitation, en faisant cesser toutes les incapacités encourues par le condamné, mettent fin à l'interdiction de séjour. Mais la grâce, qui porte sur la peine principale, laisse subsister la peine accessoire. Toutefois l'interdiction de séjour peut directement faire l'objet d'une mesure de clémence ou de réduction (art. 48, § 1er, du Code pénal).

Aux termes de l'article 48, § 3, 4 et 5 du Code pénal, l'interdiction de séjour n'est pas anéantie par la prescription de la peine principale.

L'interdiction de séjour peut être suspendue par mesure administrative après un temps d'épreuve qui ne doit jamais être inférieur à la moitié de la durée totale.

La sanction de l'interdiction de séjour est contenue dans l'article 45 du Code pénal, qui punit d'un emprisonnement qui ne peut excéder cinq ans la rupture de ban, c'est-à-dire le fait par le libéré de paraître dans certains lieux qui lui ont été interdits. Toutefois, pour être puni, il faut qu'il soit prouvé que le coupable, en s'introduisant sur le territoire dont il était banni, a commis une imprudence ou une faute. (Cass., 16 août 1845, Dalloz, 45. 1. 399 ; 25 janvier 1868, Dalloz, 69. 1. 216 ; 18 juin 1874, Dalloz, 75. 1. 88 ; Garraud, t. I, page 529, note 19.)

Les chiffres officiels de la statistique démontrent les avantages sérieux qui sont attachés à cette partie de la réforme pénale de 1885. Ainsi, en 1884, les poursuites pour rupture de ban de surveillance excédaient 5.000; en 1888, les poursuites pour violation de l'interdiction de séjour n'ont été que 994. Cette différence énorme prouve que la nouvelle situation faite aux libérés les excite beaucoup moins à l'insubordination.

SECTION III

DE L'INSTITUTION DU PATRONAGE

Aucune constitution ne constitue un appui matériel et moral plus efficace, au point de vue du reclassement des libérés, que celle du patronage. Le patronage a été inspiré par un sentiment de protection et d'humanité. Le législateur français a compris qu'il était peut-être dangereux de livrer trop brusquement un détenu à la liberté et aux épreuves qui la suivent, et qu'il convenait de ménager la transition par l'établissement d'une œuvre de bienfaisance qu'on appelle le patronage.

Grâce au patronage, l'ouvrier libéré pourra trouver du travail et vivre honnêtement; il sera mis en garde contre les fréquentations pernicieuses; il entendra continuellement développer devant lui les hautes idées du devoir, de l'honneur, de l'attachement à la famille et à la patrie.

Comme toute œuvre de bienfaisance, le patronage vit de liberté et d'influence privée. La bienfaisance officielle est toujours forcée et perd à peu près tout son crédit. Aussi le législateur français a-t-il, tout en donnant de sérieux encouragements à cette œuvre généreuse, abandonné son organisation à la libre initiative privée. « L'administration, dit M. Thompson, rapporteur du budget du ministère de l'Intérieur en 1884, doit-elle, par ses fonctionnaires et ses agents officiels, pénétrer chez le libéré, dans le secret des familles, suivre l'homme qui a payé sa dette à la société, dans la retraite où il se réfugie, dans les professions qu'il exerce, dans le milieu social où il s'efforce de prendre place ? Pourra-t-elle, avec secret, pressentir les dispositions, les faiblesses, les souffrances de ce libéré, dans les multiples situations et conditions d'existence où il aura besoin, sans l'avouer toujours, soit d'un avis sévère ou d'un appui direct, d'un secours ou d'un métier, d'une exhortation rigoureuse ou d'un mot de recommandation, de pain ou de vêtements, d'outils ou de médicaments, d'une intervention quelconque en sa faveur ou en faveur de sa femme et de ses enfants ? L'intervention directe des fonctionnaires ou agents de l'autorité ne dévoilerait-elle pas, d'ordinaire, le passé même que le libéré veut cacher à tout prix ? Ne raviverait-elle pas la honte et les effets de la condamnation qu'il faudrait, si elle est réparée par une bonne conduite, pouvoir faire oublier à tous hormis à celui qui doit en garder la terrible leçon ? »

Les nations étrangères ont accueilli avec une certaine faveur l'institution du patronage. En général, l'État laisse le soin de l'organiser à des sociétés libres et n'intervient que pour prêter son appui à l'œuvre par des subventions ou des encouragements.

Dans aucun pays, elle n'est si florissante qu'en Angleterre. La première société fondée en Angleterre remonte à 1824. Depuis lors, de très nombreuses sociétés ont été organisées, et le nombre des libérés assistés chaque année par l'ensemble de ces différentes sociétés peut être évalué à 51.500 environ.

Les États-Unis d'Amérique ont institué, dès 1823, des sociétés de patronage, que la République protège de ses lois et assiste de ses deniers. Dans l'État de New-York, il s'est créé une société de patronage très importante, la *Société pour l'amélioration des prisons*, qui a pour mission de s'occuper à la fois du sort des prévenus, de celui des condamnés et de celui des libérés.

En Hollande et dans les cantons helvétiques, on remarque un grand nombre de sociétés de patronage. Cette institution est également en honneur en Belgique, en Italie, en Danemark, en Suède, en Autriche, en Russie, en Allemagne et tout récemment en Grèce.

La première société de patronage créée en France date de l'année 1833. Elle prit le nom de « Société de patronage des jeunes détenus et des jeunes libérés des départements de la Seine ». Elle avait pour but de protéger et de ramener dans la bonne voie les mineurs de seize ans détenus à la Roquette. Voici quel était son programme : « Relever l'enfant qui a commis une ou peut-être plusieurs fautes sans en discerner la gravité, qui voit toutes les portes, quelquefois même celles du logis paternel, se fermer devant lui ; le recevoir dans une maison qui devient sa maison de famille ; lui composer un petit trousseau ; le présenter dans un atelier pour y commencer ou continuer un apprentissage ; l'entretenir jusqu'au moment où, par son travail, il pourra se suffire ; ranimer et soutenir son courage dans les mille épreuves de sa nouvelle position ; lui enseigner l'accomplissement de ses devoirs envers Dieu, envers ses parents et ses maîtres ; quand il est devenu ouvrier, lui faciliter son établissement ; l'aider au moment de son mariage ; enfin en faire un maître prêt à recevoir, à soutenir ceux qui lui succèdent dans la voie du malheur. » (Rapport de M. Victor Bournat, secrétaire général de la Société, à la séance publique du 5 avril 1868.)

Des institutions de patronage sont organisées, ou s'organisent en ce moment, dans un grand nombre de départements. Le plus généralement, ce sont les commissions de surveillance des prisons qui se sont constituées en comités de patronage.

A l'heure qu'il est, on peut évaluer à plus de cinquante le nombre de ces œuvres de bienfaisance. Ces sociétés ne fonctionnent pas d'une façon uniforme. La grande majorité opèrent par voie de placement et ont institué les asiles où les libérés attendent, sous une surveillance active, qu'on leur ait trouvé du travail.

Parmi les institutions de patronage, les unes s'occupent exclusivement de telle classe spéciale d'après l'âge ou le sexe, jeunes enfants, jeunes filles ou femmes, hommes ou jeunes gens, ou de telle classe spéciale d'après la nature de la condamnation ; les autres se consacrent sans distinction à toutes les catégories de libérés.

Dans les départements, on peut citer, parmi les œuvres de patronage les plus connues :

La Solitude de Nazareth, de Montpellier, asile fondé en 1842, et réservé aux femmes libérées du Midi ;

Les sept refuges de sœurs de Marie-Joseph, établis près des maisons centrales de femmes ;

L'asile de Saint-Léonard, situé dans le département du Rhône, et destiné aux hommes libérés ;

L'œuvre hospitalière, de Marseille ;

La Société du patronage des libérés de Marseille.

Dans le département de la Seine, on peut mentionner, outre la Société de patronage des jeunes détenus et des jeunes libérés, dont nous avons déjà parlé :

L'Œuvre des dames protestantes, qui reçoit les libérés de Saint-Lazare ;

La Société pour le patronage des jeunes filles libérées et abandonnées, fondée à Paris en 1837 ;

La société de patronage pour les prisonniers libérés protestants, créée en 1869 ;

La société générale pour le patronage des libérés adultes, autorisée en 1872 ;

L'Œuvre des dames des prisons, où sont recueillies les femmes libérées ;

L'Œuvre du Bon Pasteur, qui reçoit des femmes et des jeunes filles libérées ;

Le Refuge de Sainte-Anne, où sont admises les femmes et les filles libérées ;

La société générale pour le patronage des libérés, fondée en 1871 et présidée par le sénateur Bérenger. Cette œuvre a été reconnue comme établissement d'utilité publique par décret du 4 novembre 1875. Elle a créé trois asiles, l'un destiné aux hommes, l'autre aux femmes, le dernier aux libérés conditionnels. A côté de chacun de ces asiles on a installé, depuis le mois de mars 1891, un atelier de travail.

Malheureusement, toutes ces généreuses associations, à part celles qui fonctionnent dans certaines cités privilégiées, ont été fondées principalement en faveur des libérés sortis des prisons de la Seine. Il serait à désirer qu'il s'organisât une association générale du patronage en France, dont la Maison mère serait à Paris et qui étendrait ses rameaux dans tous les chefs-lieux de départements. L'institution du patronage exercera d'autant plus d'influence sur le sort des libérés et sur l'état social que les diverses sociétés qui seront échelonnées sur tous les points du territoire seront rattachées entre elles par des liens plus étroits et par une action plus commune.

La loi du 14 août 1885 est venue accentuer l'élan imprimé à cette œuvre de bienfaisance, en assurant aux sociétés de patronage la protection de l'État. Cette protection se manifeste par des subventions et des allocations officielles, sous la seule condition que le gouvernement ait approuvé l'organisation des sociétés respectives. Ces subventions annuelles se sont élevées, dans les budgets de ces dernières années, au chiffre de 120.000, francs. Elles sont allouées proportionnellement au nombre des libérés patronnés par chacune de ces sociétés, et dans les limites du crédit spécial porté dans la loi de finances.

SECTION VI

DE LA RÉHABILITATION

L'œuvre de reclassement resterait inachevée, si le libéré repentant et amendé n'entrevoyait, comme récompense à son rélèvement moral, dans un temps plus ou moins rapproché, sa réintégration définitive dans les rangs de la société. D'autre part, à mesure que les bons sentiments sont revenus dans son cœur sous l'influence des sages conseils, le libéré trouve plus lourd que jamais le fardeau de son ancienne faute. Il a souffert pour la faire oublier. Mais rien n'a pu encore l'effacer : son casier judiciaire est là pour en attester la cruelle vérité. C'est ici que joue son rôle la réhabilitation, la seconde naissance sociale. C'est elle qui fait disparaître les dernières traces de la faute et qui proclame hautement la réparation du passé, la régénération du coupable, le reclassement définitif dans la société.

On comprend sans peine l'influence exercée sur la diminution de la récidive et sur l'amendement du libéré par cette espérance et ce stimulant qu'on appelle la réhabilitation. Aussi a-t-on eu raison de dire que cette institution était « la clef de voûte du régime pénitentiaire ».

La réhabilitation a trouvé sa place dans tous les Codes de l'Europe. Mais toutes les nations n'ont pas pas compris cette belle institution de la même manière. Les unes, assimilant la réhabilitation à la grâce, en font une des attributions gracieuses du chef de l'État. Tel est le système de la Belgique. Les autres voient dans la réhabilitation un droit et l'ont placée sous la protection des lois. C'est le système admis par la législation fédérale de la Suisse.

En France, la réhabilitation a joui en tout temps d'une certaine faveur.

Dans l'ancien droit français, elle était considérée comme un acte de clémence et réservée à l'autorité royale.

Ce caractère de la réhabilitation disparut sous la Révolution. Le législation intermédiaire en fit un droit et la soumit à une procédure spéciale. C'était la municipalité qui accordait la réhabilitation, et sa décision était ensuite proclamée par le président du tribunal criminel, dans la formule suivante : « Sur l'attestation et la demande de votre pays, la loi et le tribunal effacent la trace de votre crime. »

La réhabilitation était, selon l'expression consacrée de l'époque, un « second baptême civique ».

Cette procédure solennelle avait le grand inconvénient de remettre à jour une condamnation quelquefois oubliée, et on comprend facilement que les libérés éprouvassent certains scrupules à demander leur réhabilitation. Aussi le nombre de ces mesures de faveur est infime à cette époque.

La réhabilitation passa dans le Code d'Instruction criminelle de 1808, après avoir subi d'importantes modifications. La municipalité ne fut plus appelée qu'à donner un simple avis ; le pouvoir judiciaire fut chargé d'instruire la demande, et c'était le chef de l'État qui accordait la réhabilitation. Ajoutons enfin qu'elle n'était admise que pour les peines criminelles.

Les lois des 28 avril 1832 et 3 juillet 1852 vinrent de nouveau modifier la législation existante. Ces lois rendirent l'institution applicable aux condamnés correctionnels, mais elles laissèrent la prérogative de la décision suprême au chef de l'État.

Notons en terminant que, sous les législations successives que nous venons de parcourir, la réhabilitation effaçait seulement les incapacités qui découlaient de la condamnation; elle laissait intact le fait délictueux et la condamnation même.

La loi du 14 août 1885 a apporté, en matière de réhabilitation, des innovations très importantes et de nature à accroître, dans de grandes proportions, l'efficacité de l'institution. On peut les ramener aux trois suivantes :

1° La réhabilitation est devenue un acte du pouvoir judiciaire. Aujourd'hui le condamné qui remplit les conditions prévues par la loi a un droit acquis à la réhabilitation, et ce droit, c'est devant la cour d'appel de son domicile qu'il peut le faire valoir ;

2° La loi a rendu plus facile la procédure de la réhabilitation, en faisant disparaître certains obstacles qui étaient de nature à décourager les intéressés ;

3° La réhabilitation efface la condamnation, et, par là même, fait cesser toutes les incapacités qui y sont attachées.

La réhabilitation suppose une condamnation antérieure. Il n'y a donc pas lieu à réhabilitation pour le mineur de seize ans qui, après avoir été acquitté comme ayant agi sans discernement, a été, conformément aux prescriptions de l'article 66 du Code pénal, envoyé dans une maison de correction. L'envoi en correction n'a pas le caractère d'une peine, mais seulement d'une mesure disciplinaire. (*Hoc sensu* : Brégeault et Delagarde, page 25.)

Aux termes de l'article 619 du Code d'instruction criminelle, la réhabilitation peut être demandée par tout condamné à une peine criminelle ou correctionnelle. La loi ne fait aucune distinction entre la nature de l'infraction et la gravité de la peine prononcée.

Il découle de ce principe trois conséquences :

1° La réhabilitation est possible même à l'individu frappé des peines correctionnelles n'entraînant aucune incapacité ou déchéance (Cass., 27 avril 1865, Sirey, 65.1.289 ; Garraud, *Droit pénal*, tome II, n° 97);

2° La réhabilitation est ouverte même aux étrangers ;

3° La réhabilitation peut être demandée pour les condamnations prononcées par les tribunaux militaires ou maritimes. (Sarraute, *Traité de la réhabilitation*, page 28.)

On s'est demandé s'il pouvait être procédé à la réhabilitation d'un condamné après sa mort. La question est controversée.

Les uns ont dit que la réhabilitation était un droit exclusivement attaché à la personne (Brégeault et Delagarde, page 25) ;

Les autres soutiennent que, d'après les principes de raison et de justice, ce droit à la réhabilitation doit être transmissible. On comprend, en effet, que les héritiers aient intérêt, pour la mémoire de leur auteur, à voir effacer la condamnation pénale dont il avait été frappé. (Garraud, tome II, n° 97.)

Sous la législation antérieure à la loi de 1885, les récidivistes de crime à crime et les réhabilités qui encouraient une nouvelle condamnation étaient exclus du bénéfice de la réhabilitation. La loi de 1885 a permis d'admettre à la réhabilitation ces deux classes de condamnés. Mais un délai d'épreuve spécial leur est imposé : les condamnés à une peine afflictive ou infamante ne pourront demander leur réhabilitation qu'après dix ans depuis leur libération, et les condamnés à une peine correctionnelle qu'après six ans (art. 634, § 3 et 4, C. d'Instr. criminelle).

Le même délai d'épreuve est apporté à la réhabilitation des récidivistes de délit à délit ou de crime à délit, et des récidivistes condamnés pour crime à des peines correctionnelles. A leur égard, le délai d'épreuve est également porté à dix ou six années, suivant qu'ils ont ou non subi une peine afflictive ou infamante (art. 634 précité).

Il résulte des termes de l'art. 619 du Code d'instruction criminelle, que la réhabilitation n'est pas admise, en matière de simple police. Le motif en est facile à saisir. Les contraventions de police reposent sur des faits qui n'ont, pour la plupart, rien d'infamant, parce qu'ils ne supposent ni mauvaise foi ni intentions délictueuses. Au surplus, elles n'entraînent aucune incapacité et ne sont pas constatées au casier judiciaire.

A cet égard, cependant, plusieurs questions peuvent se poser.

Je suppose d'abord que le tribunal correctionnel ait, par application de l'art. 463 du Code pénal, abaissé la peine correctionnelle au rang d'une peine de simple police. La réhabilitation est possible dans l'espèce ; car il s'agit bien d'un délit et la condamnation, quoique portant sur une peine de simple police, sera mentionnée au casier judiciaire. (Brégeault et Delagarde, pp. 26 et suiv.)

Il peut se faire, en second lieu, qu'un individu poursuivi correctionnellement pour délit ait été frappé d'une peine de simple police, parce que le fait incriminé était faussement qualifié de délit et ne constituait qu'une simple contravention. Le tribunal correctionnel, quoique saisi à tort, a dû statuer, en vertu de l'article 192 du Code d'instruction criminelle. La réhabilitation n'est pas ouverte dans ce cas au condamné. Car le tribunal de première instance s'est prononcé, non pas comme tel, mais comme tribunal de police. La sentence ne pourra, de ce chef, figurer au casier judiciaire. (Brégeault et Delagarde, page 26.)

Enfin on peut se demander si la réhabilitation est ouverte aux individus condamnés pour des contraventions de la compétence du tribunal correctionnel, telle, par exemple, que les contraventions à la police des chemins de fer. Nul doute que la réhabilitation ne soit possible dans ce cas. L'individu condamné devant le tribunal correctionnel pour certaines contraventions de la compétence de cette juridiction est bien frappé de peines correctionnelles et peut, par conséquent, être admis à la réhabilitation, conformément à l'article 619. (Toulouse, 21 décembre 1887, Dalloz, 88. 2. 273, Cassation, 17|avril 1865. P., 65, 675.)

Cinq conditions sont exigées pour être admis à la réhabilitation :

1° La libération de l'exécution de la peine corporelle ;

2° La libération de la dette des amendes, frais et dommages-intérêts ;

3° L'expiration de certains délais d'épreuve ;

4° La justification de certaines obligations de résidence ;

5° L'attestation de sa bonne conduite.

En premier lieu, le condamné doit avoir subi sa peine ou en avoir obtenu la remise par des lettres de grâce (article 619 Code d'instr. crim.). En conséquence, la réhabilitation ne peut jamais être accordée :

1° Au condamné qui s'est évadé après avoir subi une partie de sa peine. La réhabilitation ne sera possible qu'après l'achèvement de la peine et après les délais d'épreuve. (Carnot, *Instruction criminelle*, t. III, p. 597.)

2° Au condamné qui a prescrit sa peine. (Paris, 5 février 1853, Sirey, 53. 2. 293; Orléans, 14 avril 1886, Dall., 86. 2. 269; Garraud, t. II, nᵉ 98; Sarraute, n° 46; Faustin Hélie, *Instruction criminelle*, t. VIII, n° 4, 101 ; Décision chanc., 25 mai 1830 et 2 août 1848.)

Toutefois, pour qu'il en soit ainsi, il est nécessaire que le condamné se soit soustrait de son plein gré à l'exécution de la peine : en conséquence, jugé que la réhabilitation pourrait être accordée au condamné par défaut, qui aurait prescrit sa peine dans l'ignorance du jugement de défaut et de la signification dudit jugement, ainsi qu'au condamné qui, par suite d'un oubli ou d'une erreur, n'aurait pas été requis de subir la peine d'emprisonnement prononcée contre lui. (Aix, 8 novembre 1888, *Pandectes françaises period.*, 89. 2. 49 ; Recueil d'Aix, 89. 1. 43 ; Orléans, 14 avril 1886, Dall., 86. 2. 269.)

3° Au condamné qui, en vertu de l'article 1er de la loi du 26 mars 1891, a bénéficié du sursis à l'exécution de sa peine, dont la conduite n'a pas donné lieu à la déchéance du sursis. Nous verrons, en effet, dans notre quatrième titre, que, dans le cas où le sursis n'est pas révoqué au bout de cinq ans, la condamnation est considérée comme non avenue et effacée de plein droit.

En second lieu, il faut que le condamné ait acquitté l'amende, les frais du procès et les réparations civiles envers la partie lésée.

L'amende peut être subie, soit pécuniairement, par le versement réel du montant, soit corporellement, par la contrainte par corps (art. 623, § 1, Code d'instruction criminelle).

La peine de l'amende doit être considérée comme subie : 1° si le condamné a obtenu sa grâce ; 2° si le condamné a exécuté la transaction à lui proposée par l'administration des contributions indirectes ou par toute autre administration nantie du droit de transiger après jugement ; 3° si le condamné a prescrit sa peine par le laps de cinq ans. Cette prescription équivaut au paiement (art. 623, § 1, et 636 du Code d'instruction criminelle).

La condamnation aux frais du procès est une condamnation civile : la remise ne peut en avoir lieu par voie de grâce ni, en principe, par voie de contrainte par corps (art. 623, §§ 1 et 2, du Code d'instruction criminelle).

Toutefois, aux termes de l'article 623, § 1er, modifié par la loi du 1885, la prescription de trente ans est admise pour la libération de la dette des frais de justice (art. 2262 du Code civil).

D'autre part, l'article 623, § 4, du Code d'instruction criminelle autorise la Cour, au cas où le deman-
dant est indigent et hors d'état de payer les frais du
procès, à accorder la réhabilitation alors même qu'il
n'aurait absolument rien versé relativement à ces
frais.

En ce qui concerne les dommages-intérêts dûs à
la partie lésée, il résulte de la discussion à laquelle
a donné lieu la loi de 1885 que les expressions de
dommages-intérêts signifient les réparations civiles
effectivement prononcées par le tribunal. Le législateur de 1885 a voulu, par là, condamner une pratique antérieurement suivie, qui consistait à exiger
du demandeur en réhabilitation un certificat établis-
sant le complet désintéressement de la partie lésée,
alors même qu'aucune condamnation à des dommages-intérêts n'était intervenue. Cette vieille pratique
exposait le demandeur en réhabilitation à subir les
prétentions excessives qu'auraient pu dicter la cu-
pidité à la partie lésée. (Circulaire du garde des
Sceaux, du 14 octobre 1885.)

Les modes de libération des dommages-intérêts
admis par la loi sont au nombre de cinq :

1° Le paiement effectif ;

2° La remise ou transaction;

3° La prescription de trente ans (art. 643 Instr.
criminelle, et 2262 du Code civil) ;

4° La contrainte par corps ;

5° Le dépôt à la caisse des consignations, pour le
cas où la partie lésée ne peut être retrouvée ou refuse
de recevoir les dommages-intérêts (art. 623, § 6,
du Code d'instruction criminelle).

Si le postulant a été condamné pour banqueroute

frauduleuse, il doit justifier du paiement du passif de la faillitte en capital, intérêts et frais, ou de la remise qui lui en a été faite (art. 623, § 3, Code instr. criminelle).

En troisième lieu, pour qu'un condamné puisse être admis à la réhabilitation, il faut qu'il ait laissé passer certains délais d'épreuve.

En principe, le délai d'épreuve est de cinq ans pour tout condamné à une peine criminelle, et de trois ans pour tout condamné à une peine correctionnelle (art. 620, § 1 et § 4, C. instr. crim.).

Nous avons vu déjà que les délais d'épreuve sont portés à dix ou à six années pour tous individus se trouvant en état de récidive légale ou ayant encouru une nouvelle condamnation après une première réhabilitation (art. 634, §§ 3 et 4, Code instr. crim.).

Le point de départ du délai est, pour une peine privative de liberté, le jour de la mise en liberté du condamné, et, pour une peine pécuniaire ou simplement infamante, le jour où la condamnation est devenue irrévocable. (*Hoc sensu :* Brégeault et Delagarde, pp. 51 et suivantes.)

Une quatrième condition essentielle pour obtenir la réhabilitation, c'est d'avoir rempli certaines obligations de résidence. Le législateur a pensé qu'une résidence prolongée dans les mêmes lieux est une preuve sérieuse de résolutions d'ordre et de stabilité. En même temps, la permanence du séjour permet aux autorités judiciaires et administratives d'exercer un contrôle régulier sur la conduite du libéré.

Aux termes de l'article 621, §§ 1 et 2, le condamné à une peine afflictive ou infamante ne peut être admis à demander sa réhabilitation s'il n'a résidé dans le même arrondissement depuis cinq ans, et pendant les deux derniers dans la même commune. Le condamné à une peine correctionnelle ne peut être admis à demander sa réhabilitation s'il n'a résidé dans le même arrondissement depuis trois années, et pendant les deux dernières dans la même commune.

Il ne faudrait pas, cependant, considérer comme une interruption de résidence devant entraîner l'exclusion de la demande en réhabilitation, un simple déplacement de quelques jours ou même de quelques semaines nécessité par des intérêts moraux ou pécuniaires en souffrance.

Au surplus, le législateur de 1885 a eu soin d'apporter des tempéraments nécessaires aux prescriptions de l'article 621. Il décide que les condamnés qui ont passé sous les drapeaux tout ou partie du temps exigé par le texte précité, et que ceux que leur profession oblige à des déplacements inconciliables avec une résidence fixe, pourront être affranchis de cette condition s'ils justifient, les premiers, d'attestations satisfaisantes de leurs chefs militaires, les seconds, de certificats de leurs patrons ou chefs d'administration constatant leur bonne conduite.

La jurisprudence a admis, parmi les personnes qui doivent être rangées dans la catégorie visée par la loi, mais sous la condition que les changements de résidence ne puissent être imputés à faute :

1° Les domestiques : des causes multiples peuvent, en effet, les amener souvent à changer de patrons (Paris, 25 janvier 1889, Dall. 90.2.310) ;

2° Les clercs de notaire (Bourges, 30 juillet 1891, *Gazette des Trib.* du 1er août 1891) ;

3° Les employés stagiaires de greffes (Bourges, 30 juillet 1891, *loco citato*) ;

4° Ceux qui résident chez leur père, dont les fonctions sont incompatibles avec une résidence fixe (Poitiers, 26 juin 1889, Sirey, 89.2.157 ; 3 juin 1891, *Gaz. du Palais*, 91.1.702).

La loi a oublié de prévoir le cas où le condamné qui sollicite sa réhabilitation a résidé à l'étranger.

Voici à cet égard la jurisprudence généralement suivie :

L'épreuve de résidence imposée par l'article 621 étant absolument indispensable, il est nécessaire que, depuis sa libération, le condamné ait résidé en France, à une époque quelconque, au moins pendant cinq ou trois années consécutives. Cette condition de résidence remplie, si le condamné a résidé à l'étranger pendant les années qui ont précédé immédiatement la demande en réhabilitation, on se renseignera sur sa conduite, pendant ce séjour, par l'intermédiaire des agents diplomatiques ou consulaires de France. (Circulaire du Garde des Sceaux du 27 mars 1853 ; Garraud, tome II, page 163, note 17.)

Comme cinquième condition à l'admission de la demande en réhabilitation, il faut que le postulant ait mené, depuis sa libération, une conduite irréprochable.

La procédure en réhabilitation se divise en deux phases. La première, administrative, est confiée au procureur de la République ; la seconde, judiciaire, a lieu devant la Cour d'appel.

C'est le lieu du domicile du demandeur en réhabilitation qui détermine la compétence du procureur de la République et de la Cour d'appel.

Le condamné qui désire être réhabilité doit adresser au procureur de la République : 1° une supplique contenant la date et la nature des condamnations, la désignation de l'établissement où elles ont été subies, celle des localités où il a résidé, et les motifs à l'appui de sa demande ; 2° la quittance de l'amende et des frais ; 3° un certificat de la partie lésée constatant le payement des dommages-intérêts.

Le Procureur de la République prend des renseignements auprès de chacune des autorités administratives ou judiciaires des lieux où a résidé le condamné. Après avoir ainsi complété le dossier de la demande en réhabilitation, il l'adresse au Procureur général en y joignant un rapport détaillé. Dès réception de ces pièces, le Procureur général peut saisir la Cour d'appel. C'est une section de la Cour d'appel, la chambre des mises en accusation, qui, souverainement, statue, par arrêt, sur la demande en réhabilitation. Les débats ont lieu à huis clos et contradictoirement. Le procureur général donne ses conclusions. Le postulant peut être entendu, soit par lui-même, soit par son défenseur.

Si la Cour admet la demande, la réhabilitation a son effet irrévocable du jour où l'arrêt qui la prononce est devenu définitif.

Si la Cour rejette la demande, le postulant devra attendre deux ans avant de pouvoir former une nouvelle demande (article 629 du Code d'instr. crim.).

Les arrêts de Cour d'appel statuant en matière de

réhabilitation sont susceptibles d'être déférés devant la Cour de cassation.

Il nous reste à examiner les effets de la réhabilitation. Elle efface la condamnation (art. 634 Code d'instr. crim.). C'est l'innovation la plus importante de la loi de 1885.

Trois conséquences découlent de l'anéantissement de la condamnation :

1° La condamnation est radiée du casier judiciaire;

2° La condamnation, effacée par la réhabilitation, ne peut plus désormais servir de base à la récidive légale ;

3° La condamnation effacée ne compte plus pour la rélégation.

Il faut remarquer cependant que la réhabilitation ne produit pas d'effets rétroactifs. Elle efface les conséquences de la condamnation dans l'avenir, mais elle laisse subsister les effets produits dans le passé. Ainsi, le legs fait antérieurement à la réhabilitation à un condamné frappé d'une peine perpétuelle demeure caduc (*Hoc sensu :* Garraud, tome II, n° 100); de même, encore, le divorce ou la séparation de corps prononcé antérieurement pour condamnation à une peine afflictive et infamante continue à subsister ; enfin, il ne saurait être question de restitution de l'amende et des frais de justice.

En outre, la réhabilitation fait disparaître toutes les incapacités résultant de la condamnation; elle rend au condamné la jouissance des droits dont il avait été dépouillé (art. 634 C. d'instr. crim.). La réhabilitation ne produit ces effets que pour l'avenir.

Nous en aurions terminé avec cette intéressante matière de la réhabilitation, si nous n'avions à dire quelques mots de la réhabilitation tacite et spéciale créée par la loi du 26 mars 1891.

Nous avons déjà dit que, lorsque le sursis à l'exécution de la peine n'a été, pendant cinq ans, l'objet d'aucune déchéance, il libère de plein droit le condamné, et la condamnation avec ses conséquences légales, se trouve comme non avenue. La réhabilitation s'opère ici par le seul effet de la loi, sans aucune intervention de décision judiciaire. La seule condition exigée, c'est que le condamné, qui bénéficie du sursis, n'ait encouru aucune condamnation nouvelle à une peine privative de liberté dans l'intervalle de cinq ans (art. 2, § 2, de la loi du 26 mars 1891).

Les effets de la réhabilitation spéciale sont absolument identiques à ceux de la réhabilitation ordinaire. La condamnation et les incapacités en résultant sont effacées pour l'avenir. Les effets ne sont pas rétroactifs.

Le condamné en faveur de qui a été prononcé le sursis a le choix entre la réhabilitation spéciale et la réhabilitation ordinaire. On sait que la réhabilitation ordinaire, en matière correctionnelle, est possible après un délai de trois ans. Or, on peut supposer que le condamné ait intérêt à réclamer la réhabilitation ordinaire plutôt que d'attendre la réhabilitation spéciale : un espoir momentané, une circonstance exceptionnelle en sa faveur peuvent exiger une réhabilitation prompte. Le bénéficiaire du sursis devra alors renoncer à cette faveur et subir sa peine. La peine subie, il aura au bout de trois ans la faculté de poursuivre sa réhabilitation. (Voir premier rapport Bérenger devant le Sénat, page 17. — *Contra:* Laborde, *Question pratique sur la loi du 26 mars 1891;* Nègre et Gary, *la Loi Bérenger et ses applications*, pages 33 et suiv.)

TITRE IV

MOYENS JUDICIAIRES. — LOI DU 26 MARS 1891.

SECTION PREMIÈRE

GÉNÉRALITÉS

L'expérience fournie par les dernières statistiques
a démontré ce fait désolant que toutes les tentatives
faites jusqu'à ce jour pour entraver la marche toujours croissante de ce fléau, le vote de la loi du 5
juin 1875 sur la séparation individuelle des condamnés dans les prisons, le vote de la loi du 27 mai 1885
sur la relégation, celui enfin de la loi du 14 août de
la même année relative à la libération conditionnelle
et à la réhabilitation, étaient des remèdes incom-
plets, ayant produit d'excellents résultats, il est
vrai, mais des résultats moins heureux que ceux
qu'on était en droit d'en attendre. Cette considération donna à penser à plusieurs criminalistes, à la
tête desquels se trouvait M. Bérenger, que si les
sages mesures prises précédemment n'avaient été,
comme nous venons de le dire, que des remèdes
insuffisants, c'était peut-être parce que les remèdes
apportés à la situation ne visaient que le mode
d'exécution de la peine.

Ils eurent l'idée de porter des tempéraments et des aggravations à la répression elle-même.

La proposition Bérenger reposait donc sur les deux idées suivantes : — 1° autoriser les tribunaux à user de la plus grande indulgence à l'égard des délinquants primaires ; — 2° aggraver la pénalité à l'égard des délinquants de profession.

L'idée d'amender le coupable en faisant preuve à son égard de commisération et d'indulgence n'est pas d'origine tout à fait moderne. On en trouve le germe déjà développé dans l'*admonition* de l'ancien droit français. Elle consistait, au témoignage de Merlin, « dans une réprimande que le juge faisait à l'inculpé, en l'avertissant d'être plus circonspect à l'avenir et de ne plus retomber dans la même faute à peine d'être puni plus sévèrement ».

L'admonition resta en vigueur jusqu'en 1791, mais seulement pour les délits sans gravité. Les abus qu'elle avait fait naître, à raison de son application arbitraire, la firent supprimer dès la promulgation du Code pénal de 1791. (Voir le discours prononcé à l'audience de rentrée de la Cour de Dijon, le 16 octobre 1890, par M. l'avocat général Bernard, p. 18.)

En Europe, une tendance bien marquée s'est dessinée depuis quelques années à relever de ses ruines cette vieille institution et à la rétablir sur des bases nouvelles. De nombreux criminalistes français et étrangers ont fait des efforts généreux pour que les Parlements prissent en considération une réforme de nature à produire d'excellents résultats au point de vue social. (Voir *la Loi du pardon*, par M. Lajoye avocat à la Cour de Paris, 1882, et l'étude intitulée :

A propos de la condamnation conditionnelle, par M. Gauthier, professeur à l'Université de Genève. Berne, 1890.)

L'Amérique paraît avoir été la première à faire l'application de cette réforme sous la dénomination de « mise en probation ». Créée à Boston en 1870 en faveur des jeunes délinquants, cette institution s'étend, depuis 1880, dans toute la République et à l'égard des adultes. Le juge, d'après la mise en probation, est autorisé à n'infliger provisoirement aucune peine au prévenu, mais à lui fixer seulement un temps d'épreuve à l'expiration duquel, si sa conduite a été à l'abri de tout reproche, le jugement sera non avenu. On a établi une espèce de *censeur*, le « probation officier », qui est chargé de surveiller, de protéger les délinquants soumis à l'épreuve, de les faire arrêter dans le cas où leur conduite est répréhensible et de les traduire devant le tribunal qui, cette fois, les condamne à subir l'exécution du premier jugement, qui n'était que suspendu à leur égard. (Voir Gautier, *op. cit.*, p. 3.)

Le Code pénal italien de 1888, dans ses art. 27 et 28, permet au juge, dans certains cas spécifiés, de substituer l'admonition ou réprimande à la peine, mais à titre provisoire et sous caution. (Voir rapport de M. Barthou à la Chambre des députés, p. 7.)

Déjà, en Angleterre, depuis la loi du 8 août 1886, le tribunal a la faculté de ne prononcer aucune peine à l'égard du délinquant primaire qui n'encourt qu'une peine ne dépassant pas 2 ans de prison et d'imposer au condamné laissé en liberté un certain temps d'épreuve. Si l'épreuve est défavorable au condamné, celui-ci est de nouveau traduit devant le tribunal, qui prononce la peine. (Gautier, *op. cit.*, p. 5.)

L'admonition, substituée à la répression matérielle, a été adoptée encore en Allemagne, en Russie, en Suisse, en Espagne, en Portugal, avec des différences sur l'âge des délinquants primaires qui en bénéficient, sur leur situation, sur la nature de l'infraction.

En Autriche, le ministre de la Justice a également présenté un projet de loi, le 29 mai 1889, à la Chambre des députés, qui autorise les tribunaux à surseoir à la première condamnation des individus ayant un domicile fixe. (Gautier, *op. cit.*, p. 8.)

Dans le Congrès tenu à Bruxelles, en août 1889, l'Union internationale de Droit pénal a adopté, sur la proposition d'un savant professeur français, M. Léveillé, un vœu tendant à doter les législations pénales de tous les pays de l'institution de la condamnation conditionnelle. (*Bulletin de l'Union internationale*, I, p. 155.)

En France, il y avait sept ans que M. Bérenger avait déposé sa proposition sur le bureau du Sénat. Et la presse, qui, depuis 1884, s'était occupée de ce projet qui sommeillait sur le bureau de la Chambre-Haute, suggéra à la Belgique l'idée de s'emparer des dispositions principales de cette proposition. Aussi, par la loi du 31 mai 1888, cette nation instituait-elle la condamnation conditionnelle. (Discours de M. l'avocat général Bernard, p. 24.)

La proposition que M. Bérenger avait déposée sur le bureau du Sénat était intitulée : projet de loi « sur l'aggravation progressive des peines en cas de récidive et leur atténuation en cas de premier délit (Imprimés du Sénat, session 1884, n° 159) ». Cette proposition fut prise en considération par le Sénat et renvoyée à la Commission d'initiative parlementaire.

Le 12 décembre 1885, une nouvelle proposition de M. Mazeau et de plusieurs de ses collègues, quelque peu différente de la proposition de M. Bérenger, notamment en ce que le tribunal pouvait accorder le pardon pur et simple du prévenu, fut également prise en considération par la Chambre-Haute et renvoyée à la Commission précitée (Sénat, session 1885, n° 45).

D'un autre côté, MM. Reybert, Gagneur et quelques autres députés déposèrent à la Chambre, le 30 mars 1886, une proposition tendant à donner aux tribunaux correctionnels la faculté d'attribuer un caractère suspensif à toutes les condamnations prononcées par eux. C'était une proposition de condamnation conditionnelle générale à l'égard de tout prévenu. (Chambre des députés, session de 1888, n° 591.)

Enfin, après six ans de somnolence, l'ordre du jour du Sénat appela la discussion de la proposition de M. Bérenger. La série des délibérations commença le 23 mai 1890. Elle fut close le 4 juillet de la même année.

Remarquons que la proposition du sénateur Bérenger fut discutée d'une façon très approfondie, très éloquente, très intéressante, comme il y paraît au *Journal officiel*.

L'ensemble de la loi adoptée par le Sénat fut présenté devant la Chambre des députés, après les grandes vacances parlementaires.

La Commission nommée pour étudier le projet choisit M. Barthou comme rapporteur. Le rapport fut déposé le 6 décembre 1890. (Chambre des députés, session extraordinaire 1890, n° 1067). Il concluait à l'adoption du texte du Sénat avec quelques modifications.

Le projet modifié retourna devant le Sénat le 19 mars 1891. La Haute-Assemblée modifia, à son tour, un point que la Chambre avait voté et renvoya une dernière fois le projet devant la Chambre.

Le rapporteur de la Chambre des députés, considérant que la discussion était bien laborieuse et bien lente, insista à la tribune pour que ses collègues adoptassent en son entier le texte du Sénat. Sa proposition fut adoptée. La loi était promulguée quelques jours après, le 26 mars 1891.

On a fait au principe de la loi Bérenger un certain nombre d'objections théoriques que nous ne pouvons passer sous silence.

Le sursis à l'exécution, a-t-on dit, dénature absolument la peine, tant au point de vue du châtiment du coupable qu'au point de vue de l'intimidation. (Discours précité de M. l'avocat général Bernard.)

C'est une erreur au point de vue du châtiment. Nous croyons, au contraire, que le délinquant, au lieu de subir un châtiment momentané, dont on ne saurait nier l'avantage moralisateur dans une certaine mesure, subira un châtiment de tout instant, un châtiment en perspective, comminatoire, si l'on veut, mais un châtiment que sa mauvaise conduite peut attirer sur lui. D'ailleurs, il est du devoir du juge de n'ordonner le sursis que quand il sera justifié par les circonstances de la cause et la situation du condamné.

Mais il est plus difficile de répondre au reproche que l'on fait à la loi en disant que le sursis dénaturera la répression au point de vue de l'exemple. Ce sera à la discrétion et à la prudence des juges de corriger sur ce point ce que la loi peut avoir de défectueux, en ce qu'elle tient plus compte de l'équité que de l'utilité sociale. Ils ne devront accorder cette mesure de clémence que dans les cas où la conscience publique ne pourra la trouver choquante et déplacée. « Est-il présumable, a dit M. Barthou, que le juge recoure à ce pouvoir exceptionne autrement que dans des cas exceptionnels, où la situation du condamné, son passé, son attitude, les faits de la cause imposent l'indulgence à sa conscience et la justifient aux yeux de l'opinion publique ? » (Rapport Barthou, *Journal officiel*, 1890, Chambre, p. 465.)

On fait une seconde objection : la mesure du sursis, dit-on, est une véritable grâce sous condition suspensive. Or, d'après la Constitution, le droit de grâce est exclusivement réservé au chef de l'État.

Il ne s'est agi nullement, dans l'espèce, d'accorder aux juges le droit de grâce. Ce droit, qui forme une des attributions du pouvoir exécutif, ne s'étend pas jusqu'à effacer la condamnation et ses conséquences, par exemple, au point de vue de la récidive et du casier judiciaire. La faculté accordée aux tribunaux est un pardon sous condition suspensive, une mesure de clémence *sui generis*, nouvelle dans la législation française.

On a dit également, au sujet de la loi du 26 mars

1891, que son application constante pourrait répandre dans l'opinion publique ce préjugé périlleux que « la première fois ne compte pas », et que l'espérance de l'impunité pourrait bien provoquer à la perpétration d'un premier délit. (De l'Angle-Beaumanoir, séance du 3 juin 1890, Sénat.)

On a craint aussi que les magistrats n'aient pas l'impartialité et la prudence nécessaires pour accorder le sursis et qu'ils ne soient portés à en faire bénéficier ceux des condamnés qui leur ont été recommandés.

Il convient d'avoir plus haute confiance dans l'impartialité et la sagesse des magistrats français. Il est certain que la loi nouvelle confie à leur juridiction un pouvoir bien étendu, mais le législateur n'a pas entendu leur donner un pouvoir arbitraire. « C'est aux tribunaux, dit M. Brégeault, qu'il appartient de répondre de la façon la plus satisfaisante à ces diverses objections en appliquant la loi nouvelle avec prudence et discernement.» (*Lois nouvelles. Revue de Législation*, 15 avril 1891.)

Là où le reproche que l'on fait à la nouvelle loi est fondé, c'est quand il se présente les deux situations suivantes : deux condamnés bénéficient en même temps du sursis. L'un continue à vivre dans le méfait ; mais, habile à cacher sa conduite, à déguiser ses allures, il n'a encouru aucune nouvelle condamnation dans le délai de cinq ans. L'autre se sera corrigé réellement, il vivra honnêtement, mais la fatalité voudra que dans ce délai il encoure une seconde condamnation correctionnelle ne portant aucune atteinte à son honorabilité, pour homicide par imprudence, par exemple, faute dégagée de toute intention nuisible. Le premier voit tomber sa première condamnation, tandis que le second encourt la peine de la récidive.

Il est incontestable que ce résultat heurte les sentiments d'équité. Mais on a répondu, avec juste raison, que les lois ne sont pas faites pour les exceptions, et que les tribunaux, dans ce cas, s'inspirant d'une idée généreuse et humaine, en présence d'une situation si regrettable, ne condamneront pour le second fait qu'à une simple amende, ce qui n'entraînera point la qualification de récidiviste. (Brégeault, *op. cit.*)

Somme toute, la première partie de la loi de 1891 est d'une bonne législation ; elle répond au sentiment du pays ; elle a donné satisfaction à une attente générale. C'est une loi de grâce en faveur des délinquants primaires, une loi qui, comme on l'a dit très justement, sera appliquée utilement dans tous les cas « où la grâce immédiate pourrait intervenir sans de sérieux inconvénients ».(Discours de M. Bernard, cité ci-devant, p. 27.)

Tous les criminalistes sont unanimes à faire l'éloge du nouveau principe introduit dans la législation française par la loi du 26 mars 1891. « En adoptant ce principe nouveau dans notre système pénal, dit M. Mahoudeau, le législateur est parti de cette idée très juste : il est des fautes premières n'entraînant pas l'application des peines criminelles que la loi ne peut pas ne pas réprimer ; il est des coupables que le juge ne peut acquitter ; une peine doit être prononcée, mais bien souvent ces fautes n'ont été que l'effet d'un accident ; ces coupables, dont le passé est sans tache, n'ont pas su résister à un entraînement passager ; leur faire subir une peine, c'est peut-être les décourager et les perdre, surtout si cette peine est celle de l'emprisonnement, la prison étant, il ne faut pas le cacher, une école de perdition. Pourquoi ne pas leur fournir le moyen de racheter cette première faute en les obligeant à se bien conduire à l'avenir sous peine de subir la condamnation dont on ne les frappe que sous condition suspensive ? C'est un avertissement qu'on leur donne, avertissement d'autant plus salutaire et efficace qu'il les astreint en quelque sorte à ne pas commettre de nouveau délit, à ne pas récidiver. » (Dissertation de la loi du 27 mars 1891, *Journal des Parquets*, 6ᵉ année, n° 5.)

Nous croyons personnellement que la pratique de la réprimande admise comme l'équivalent d'une peine peut produire d'admirables effets sur les condamnés primaires. Il n'est pas imprudent d'user d'un tel procédé à l'égard des coupables d'une première infraction. Ainsi que l'a dit M. Bérenger dans son premier rapport au Sénat, « l'avertissement n'est-il pas dans la pratique de la vie universellement et efficacement employé par le père de famille, le maître, le patron ? N'est-il pas partout le préliminaire indispensable de toute répression raisonnée ? Pourquoi la société dédaignerait-elle d'employer à sa propre préservation l'arme qui réussit si bien dans la famille, à l'école, à l'atelier ? »

Nous devons dire cependant que l'intention avérée du législateur en votant cette première partie de la loi Bérenger a été méconnue par les magistrats dans l'affaire de la loterie de Bessèges. On sait, en effet, que la Cour d'assises de Nîmes a conféré le bénéfice de la liberté conditionnelle aux condamnés de Bessèges. On eût désiré plus de fermeté et d'esprit juridique dans la sentence prononcée contre eux. Une mesure de clémence, et plus particulièrement celle dont nous nous occupons, ne peut légitimement être appliquée qu'à ces malheureux dont la culpabilité provient plutôt d'une faiblesse d'intelligence, d'un oubli passager. Ceux dont la culpabilité dénote une perversité raisonnée, ceux qui ont atteint l'âge de l'expérience ne doivent en profiter que dans des circonstances rigoureusement exceptionnelles.

Ajoutons que, parmi les condamnés de Bessèges, l'un comptait dans son dossier un emprisonnement pour faux. Aussi, faut-il le dire, l'opinion publique a été vivement surprise d'une pareille faiblesse de la part des magistrats, et la région de Bessèges, où tant d'honnêtes travailleurs ont été spoliés par les condamnés, a éprouvé une véritable indignation en présence d'une indulgence injustifiée.

La seconde partie de la loi Bérenger, c'est-à-dire celle relative à l'aggravation des peines en cas de récidive, ne demande pas de longues explications au point de vue de ses idées générales. Elle a été inspirée à M. Bérenger par un système anglais, inauguré en 1871 dans le comté de Gloucester, qui consiste à appliquer aux récidives successives du même délit des peines de plus en plus rigoureuses.

Le vœu émis par le Congrès international de Stockholm en 1878, et tendant à entraver le mal de la récidive par l'emploi moins fréquent des peines de courte durée contre les délinquants d'habitude, fut aussi d'une certaine influence sur la proposition Bérenger. (Exposé des motifs de M. Bérenger, p. 7.)

Seulement il y a lieu de remarquer que ce n'est

point la proposition primitive, telle que l'avait conçue M. Bérenger, telle que la lui avaient inspirée les dispositions précitées, qui a été votée. La première proposition a subi des transformations profondes et au détriment même de son but originaire, qui était de fortifier la répression à l'égard des récidivistes dangereux. Ainsi, par exemple, la proposition primitive contenait une modification importante au paragraphe 9 de l'art. 463 du Code pénal en restreignant dans une mesure très marquée, en supprimant même, dans certains cas, pour le récidiviste incorrigible le bénéfice des circonstances atténuantes. Le texte définitif ne contient rien de semblable et laisse subsister en entier, comme par le passé, le système des circonstances atténuantes.

Le Parlement français a été critiqué pour avoir *spécialisé* sans réserve la récidive dans certains cas et pour l'avoir circonscrite, quant aux délits, dans le court délai de cinq ans après la première condamnation. « Il y a là, dit excellemment M. Brégeault (*op. cit.*), une déviation fâcheuse de la pensée qui avait inspiré l'auteur de la proposition... Nous ne pouvons que regretter de voir un récidiviste, même criminel, assimilé au bout de quelques années à un délinquant primaire, et déplorer la faculté laissée aux malfaiteurs d'échapper aux peines de la récidive à la seule condition de commettre un délit différent, fût-il plus grave, de celui qui les avait amenés antérieurement devant la police correctionnelle ! »

M. Bérenger lui-même reconnaissait les inconvénients de cette disposition, quand il disait que ce laps de cinq ans était « une sorte d'amnistie quinquennale au profit du criminel assez habile pour cacher pendant plusieurs années sa perversité ou assez prudent pour ne s'exposer que périodiquement à la rigueur les lois ». (Exposé des motifs, p. 8.)

Toutefois, on ne saurait blâmer le législateur français d'avoir modifié les art. 57 et 58, C. P., en prescrivant la récidive. On sait que, d'après les textes du Code pénal, l'influence de la récidive est perpétuelle et que, quelque long que fût le temps écoulé entre la première condamnation et le second délit, l'individu qui la commettait était puni des peines édictées pour la récidive.

Avec la loi de 1891, la récidive de crime à délit et celle de délit à délit cessent d'avoir leur effet à l'expiration du délai de cinq ans après que le délinquant aura subi ou prescrit sa première peine.

Il n'est pas inutile de remarquer que le texte primitif de la proposition Bérenger ne dérogeait nullement sur ce point aux vieilles règles du Code pénale. C'est à la Commission du Sénat que l'on doit d'avoir proposé cette prescription de la récidive, en matière de récidive de crime à délit et de récidive de délit à délit. « Les éléments constitutifs de la récidive, dit le rapporteur, aggravation de la perversité et, par suite, du danger social, mépris et inefficacité de l'avertissement reçu, ne se rencontrent véritablement que dans la répétition à court terme des actes coupables. (1er rapport Bérenger, p. 72.)

Il convient d'observer que la loi du 26 mars 1891 ne touche en rien au système du Code pénal relativement à la récidive de crime à crime.

Bien que nous estimions que le délai de cinq ans soit trop court et que le législateur français aurait mieux fait d'établir une prescription extinctive plus longue, afin de prévenir les abus, nous applaudissons cependant au nouveau principe établi par la loi de 1891. Nous pensons que la culpabilité spéciale de l'agent qui enfreint la loi pénale augmente à mesure que le même agent commet des délits à des intervalles plus rapprochés. Les lois criminelles doivent tenir compte de ce fait. « La récidive, comme le dit très justement M. Garraud, ne saurait être un état permanent. Car si, d'un côté, l'impression de la première condamnation diminue et s'efface avec le temps, d'un autre côté, il n'est pas exact de dire que l'avertissement de la justice soit resté sans effet, puisque, pendant cette période plus ou moins longue de sa vie, le condamné n'a pas commis de nouvelle infraction. De sorte que, lorsqu'un certain temps s'est écoulé, sans rechute depuis la première condamnation, il est impossible d'affirmer qu'il y ait eu, de la part de l'agent, cette persistance dans le crime et cette inefficacité de la répression ordinaire, qui motivent l'emploi de mesures exceptionnelles. » (Garraud, *Droit criminel*, t. II, n° 181, a.)

L'ancienne jurisprudence criminelle avait pris en considération l'intervalle qui séparait le nouveau délit de la première condamnation. Elle établissait une prescription de trois ans pour la récidive. Après l'expiration de ce court délai, l'aggravation de la peine ne se produisait plus. « Si delinquens, « dit Farinacius, per dictum tempus bene et lauda- « biliter vixerit, cessat præsumptio quod semel ma- « lus, iterum præsumitur malus. » (*Quæstio* 23, n° 30.)

La loi du 27 frimaire an VIII reproduit cette ancienne règle dans son art. 15, qui est ainsi conçu : « Il y aura récidive quand un délit aura été commis par le condamné dans les trois années à compter du jour de l'expiration de la peine qu'il aura subie. »

Plusieurs législations criminelles étrangères admettent que la récidive cesse d'entraîner une aggravation de peine toutes les fois qu'il s'est écoulé un certain laps de temps entre l'époque où la première condamnation a été subie ou remise et l'époque où la seconde infraction à la loi pénale a été perpétrée. Il en est ainsi, notamment, dans le Code pénal allemand, paragraphe 245 ; dans le Code pénal militaire allemand, paragraphe 13 ; dans le Code pénal des Pays-Bas, paragraphes 421-423. Les divers projets de Code pénal italien décident également que la récidive cesse d'avoir son effet, quand il s'est écoulé un certain temps depuis la précédente condamnation. Ce délai est, en général, celui qui est fixé pour la prescription de la peine. Dans le Code pénal belge, la prescription de la récidive est de cinq ans, mais seulement quand la première infraction n'a été punie que d'une peine correctionnelle.

On a reproché à la loi du 26 mars 1891 d'avoir spécialisé la récidive dans certains cas.

D'abord, que faut-il entendre par récidive *générale* et par récidive *spéciale* ?

La récidive générale existe par le seul fait qu'une infraction quelconque est commise après une première condamnation prononcée pour un fait délictueux quelconque.

La récidive spéciale existe par le fait qu'une infraction est commise après une condamnation pronon-

cée pour une condamnation identique ou simi-
laire.

La question de savoir si le système de la récidive
doit être général ou spécial agite depuis de longs
siècles les criminalistes.

La récidive générale est fondée sur cette observation très exacte, que l'habitude immorale du délinquant doit se mesurer à la persistance avec laquelle
il enfreint un commandement quelconque de la loi
pénale. De là la qualification de récidive *absolue* que
lui donne Bonneville de Marsangy, dans son *Traité
de la récidive* (tome I, p. 173).

Qu'importe l'identité ou l'analogie des deux infractions, si, quoiqu'elles soient de nature différente,
elles présentent un caractère de gravité reconnue?
N'est-il pas sous nos yeux chaque jour que celui qui
a commis un vol est tout prêt à commettre un faux,
un meurtre, et même un assassinat, enfin un de ces
crimes et délits de droit commun, qui, selon l'expression de M. Garraud, « se mêlent, se succèdent
dans la vie d'un criminel et forment ainsi la trame
même de son existence ». (Garraud, *op. cit.*, t. II,
n° 181.)

L'habitude criminelle ne repose pas sur l'analogie qui existe entre les divers crimes ou délits, mais
dans l'obstination à enfreindre la loi répressive. « La
société, observe très judicieusement M. Garraud,
laisserait échapper les malfaiteurs les plus dangereux, ceux qui passent, sans scrupules, des actes de
violences contre les personnes aux appropriations
coupables du bien d'autrui, si elle n'élargissait pas
son système de récidive, de manière à y faire rentrer
toutes les condamnations prononcées pour crimes ou

délits de droit commun. » (Garraud, *loco citato*. — *Sic :* Bertauld, *Droit pénal*, 19ᵉ leçon.)

Toutes les législations anciennes qui ont accepté l'idée d'une aggravation de peine contre le récidiviste ont prévu seulement la récidive spéciale. M. Ortolan, l'un des plus chauds partisans du système de la récidive générale, a dit que le système de la récidive spéciale était « l'enfance de la pénalité ». (*Éléments de droit criminel*, t. I, n° 1197, p. 570.)

Dans le Droit romain, pour qu'il y eût récidive, et, par suite, aggravation de peine, il était nécessaire qu'il y eût rechute dans le même crime ou délit, « *in iisdem sceleribus* ». (Voir les textes romains cités par Ortolan, t. I, nᵒˢ 1205 et 1206, p. 573, note 1.)

Les anciens criminalistes français acceptèrent la théorie romaine et ne se préoccupèrent également que de l'identité d'infraction. La règle suivante du Droit romain fut reproduite et commentée par les jurisconsultes de l'ancien droit français : « Consue- « tudinis delinquendi præsumptio tantum in eodem « vel simili genere mali ». (Jousse, t. II, p. 601, nᵒˢ 187 et suiv., 190 et 191 ; Muyart de Vouglans, p. 24, § 2, nᵒˢ 1 et 3.)

La législation de la Constituante établit une distinction, relativement au caractère de généralité ou de spécialité qu'il convenait de donner à la récidive.

S'agissait-il de délits de police municipale ou de police correctionnelle : le Code de 1791 se contentait de prévoir la récidive spéciale ; il aggravait la peine pour la rechute dans le même délit ou dans un délit du même genre.

S'agissait-il de délits punis de peines afflictives et

infamantes, le Code de 1791 adoptait le système de la récidive générale.

Le Code pénal de 1810 s'est attaché uniquement au système de la récidive générale. Les rédacteurs ont pensé que les peines de la récidive devaient s'appliquer alors même qu'il n'y aurait pas identité d'infraction, parce qu'il résulte de cette rechute un péril social plus grand et une perversité plus grande chez l'agent.

Bien que le Code pénal de 1810 ait été inspiré par une idée très raisonnable et très juste, son exemple n'a pas entraîné sur ses traces les autres législations de l'Europe. La doctrine des éminents jurisconsultes Chauveau et Faustin-Hélie (*Théorie du Code pénal*, t. I, n° 131), qui préconisent le système de la récidive spéciale, a prévalu de nos jours dans la plupart des Codes criminels européens.

Parmi les principales législations de l'Europe qui ont adopté le système de la récidive spéciale, nous citerons la Russie, l'Autriche, l'Allemagne, le Portugal et la Grèce. (Voir Yvernès, *De la récidive et du régime pénitentiaire en Europe.*)

La loi du 26 mars 1891 a donné raison, dans une certaine mesure, à cette tendance qui prévaut, dans l'organisation de la récidive, à rechercher l'identité ou, tout au moins, l'analogie des délits. Elle a apporté en cela une modification aux vieilles théories du Code pénal. Cette modification est une des innovations les plus remarquables et en même temps peut-être des plus critiquées et des plus critiquables de la nouvelle loi. La loi Bérenger, dans son art. 5 modifiant les art. 57 et 58 du Code pénal, s'est ralliée, pour l'art. 58 seulement, qui prévoit la récidive de délit à délit, au système de la spécialité. Il faut désormais, pour qu'il y ait récidive, en matière de délit, qu'il y ait soit répétition du même délit, du vol, par exemple, soit rechute d'un délit du même genre dans un délit du même genre, dérivant des mêmes mauvais instincts : ainsi, la loi de 1891 assimile le vol, l'escroquerie et l'abus de confiance, d'une part, le vagabondage et la mendicité d'autre part.

Cette énumération est limitative : toute autre assimilation serait nulle.

Nous reviendrons sur ce sujet, lorsque nous étudierons la loi du 26 mars dans ses détails. Qu'il nous suffise de donner pour le moment des idées générales sur cette loi.

La loi du 26 mars 1891 est venue faire disparaître un manque d'harmonie qui existait entre la loi du 27 mai 1885, sur la relégation, et le Code pénal.

Avant la loi de 1891, on pouvait être récidiviste d'après la loi sur la relégation sans l'être d'après le Code pénal. Il en était ainsi pour l'individu ayant subi trois condamnations à plus de trois mois d'emprisonnement pour vol qui était frappé d'un an de la même peine pour le même délit. Le Code pénal n'admettait pas de récidive dans ce cas, quand aucune des condamnations antérieures n'était supérieure à une année d'emprisonnement. L'art. 5 de la loi du 26 mars 1891, qui a modifié les art. 57 et 58, a fait disparaître cette anomalie de la législation pénale française.

Quoi qu'il en soit, cette loi du 26 mars 1891 donne satisfaction à un vœu général des criminalistes et de l'opinion publique. Aura-t-elle des résultats efficaces, appréciables? L'avenir seul pourra nous l'apprendre par l'organe infaillible de la statistique.

Il convient de remarquer que le système de cette loi, qui est appliquée en Belgique depuis le mois de mai 1888, y a déjà fait ses preuves et donné même d'excellents résultats. Dans la période qui s'est écoulée depuis le 10 juin 1888 jusqu'au 31 décembre 1889, sur 284.279 condamnés soit par les tribunaux correctionnels, soit par ceux de simple police, 13.195 ont bénéficié de la décision de sursis, et 246 sursis seulement ont dû être révoqués. (Statistique présentée à la Chambre des représentants, séance du 17 mai 1890). Pendant la même période, on a constaté qu'à Bruxelles et Anvers 2.273 condamnés ont bénéficié de la loi, soit 14 p. 100 du chiffre des condamnations prononcées, et que 60 révocations seulement ont eu lieu, c'est-à-dire un peu plus de 2 p. 100. (Discours Bérenger, Sénat, séance du 23 mai 1890, *Journal officiel* du 24 mai, p. 491.)

On le voit, les résultats sont assez expressifs. Ils parlent d'eux-mêmes. C'est une épreuve assez satisfaisante pour justifier le vote de cette première partie de la loi du 26 mars 1891, dont les motifs, résumés plus haut, suffisent à montrer le but et l'opportunité.

Il n'y a pas de raison pour qu'en France les mêmes résultats qu'en Belgique ne s'accomplissent pas. Il est certain que ce qui y contribuera beaucoup c'est l'application qu'en devront faire, selon l'exigence des cas, bienveillante ou ferme, mais toujours prudente, les magistrats auxquels le législateur confie une sorte de juridiction qui a pour bases la clémence et l'humanité. Puisse cette loi produire d'autant plus

de résultats heureux qu'elle est née d'idées plus
humaines et plus françaises ! Puisse-t-elle, par la
régénération des égarés et l'intimidation des malfaiteurs, devenir entre les mains de la société une
de ses plus puissantes armes, pour lui assurer le
respect et la sécurité !

Entrant maintenant dans les détails de la loi du
26 mars 1891, nous en examinerons successivement les deux parties : celle relative à l'atténuation
et celle relative à l'aggravation des peines.

SECTION II

DE L'ATTÉNUATION DES PEINES, OU DE LA CONDAMNATION CONDITIONNELLE

L'art 1er de la loi du 26 mars 1891 décide qu'en
cas de condamnation à l'emprisonnement ou à l'a-
mende, si l'inculpé n'a pas subi de condamnation
antérieure à la prison pour crime ou délit de droit
commun, les cours et les tribunaux peuvent ordonner, par le même jugement et par décision motivée,
qu'il sera sursis à l'exécution de la peine.

Si, ajoute l'article, pendant le délai de cinq ans, à
dater du jugement ou de l'arrêt, le condamné n'a
encouru aucune poursuite suivie de condamnation à
l'emprisonnement ou à une peine plus grave pour
crime ou délit de droit commun, la condamnation
sera comme non avenue. Dans le cas contraire, la
première peine sera d'abord exécutée sans qu'elle
puisse se confondre avec la seconde.

Comme nous l'avons fait remarquer, cette institution nouvelle a un caractère de faveur pour une certaine catégorie de délinquants primaires. Elle réalise, comme nous l'avons dit précédemment, un des moyens imaginés par le législateur pour entraver le flot toujours plus considérable des récidives. Parmi les principales considérations qui ont fait entrer le législateur dans cette voie de clémence pour les délinquants primaires, il en est quelques-unes que nous devons rappeler. D'une part, une première faute dénote le plus souvent bien peu de perversité morale chez son auteur; d'autre part, la peine de l'emprisonnement, quand elle frappe un délinquant primaire, et quand elle le frappe trop rigoureusement, ne devient que trop souvent pour lui une cause de démoralisation au lieu d'être un moyen de correction. On peut ajouter que le système pénitentiaire français est loin d'être parfait, et qu'il ne réalise point le desideratum du législateur. Au lieu d'être une école d'éducation et d'amendement, la maison de correction n'est la plupart du temps que l'école du vice et du crime.

La loi nouvelle ne crée point un droit au profit de certains condamnés, elle accorde au juge une pure faculté d'ordonner ou non le sursis. Le devoir du juge consiste à examiner scrupuleusement si le condamné est digne d'intérêt et s'il mérite cette faveur. Dans ce but, il ne devra envisager ni la nature du fait délictueux, ni sa gravité, ni la peine qu'il prononcera. Le condamné peut bénéficier du sursis, quel que soit le quantum de la peine prononcée. Après avoir infligé au prévenu la peine que mérite le délit, le juge devra apprécier s'il y a lieu à l'application du sursis : pour cela, il doit tenir compte seulement de la moralité du prévenu, de ses antécédents, des renseignements fournis sur lui et surtout des circonstances au milieu desquelles il aura été conduit à commettre le délit. En un mot, comme on l'a très bien dit, le juge devra, dans l'espèce, « faire office de juré, ne se décidant que d'après les mobiles de l'infraction et le degré de perversité de l'agent. » (Mahoudeau, *Journal des Parquets*, p. 80.) C'est d'ailleurs ce qu'exprimait excellemment M. Bérenger dans son premier rapport au Sénat (p. 13) en disant : « L'esprit de la proposition n'est pas d'établir une distinction entre les fautes graves et les fautes légères... Il ne s'agit plus d'examiner le degré de gravité de la faute, cette appréciation a dû être faite pour l'application de la peine, mais de mesurer l'état moral du condamné et le degré de garantie que cet état suppose. » Cette manière de comprendre le rôle du juge, au point de vue de l'application du sursis, est la conséquence forcée du but poursuivi par le législateur, qui est de prévenir la récidive en évitant à celui qui en paraît digne une première flétrissure, peut-être irréparable.

Le rôle des tribunaux est donc en cette matière très-délicat, et les résultats que cette loi, très bonne en elle-même, pourra donner sont en raison directe de la façon dont les juges l'appliqueront.

Quelles sont les peines auxquelles peut s'appliquer la décision du sursis ? Il n'y en a que deux : l'emprisonnement et l'amende. Le sursis n'est donc pas possible pour une peine criminelle.

Il n'y a pas lieu de rechercher pour quel genre d'infraction est prononcé l'emprisonnement lorsqu'on veut faire bénéficier le condamné de la suspension de la peine. La loi subordonne la faculté d'accorder le sursis à la nature de la peine prononcée et non à celle de l'infraction.

Le tribunal est donc autorisé à accorder le sursis toutes les fois qu'il prononce la peine de l'emprisonnement. Nous parlerons tout à l'heure de l'amende. Peu importe la nature du délit passible de l'emprisonnement; peu importe que le délit soit prévu par le Code pénal ou par une loi spéciale. Les délits de chasse et de pêche peuvent parfaitement faire l'objet d'un sursis à l'exécution de la peine. (Tribunal correctionnel de Rouen, 21 avril 1891.) De même pour l'enlèvement de mineur. (Tribunal d'Apt, 4 février 1892.)

Lorsque le délit est prévu par une loi spéciale, on sait que la disposition de l'art. 463 du Code pénal, relative aux circonstances atténuantes, ne s'applique pas, à moins d'une volonté expresse du législateur manifestée dans ladite loi spéciale. Dans les cas où la loi spéciale n'admet pas les circonstances atténuantes, l'institution du sursis sera un moyen de les remplacer avantageusement.

Le juge n'a pas à se préoccuper, non plus, de la durée de l'emprisonnement avant de prononcer la suspension de la peine.

La loi belge, que le législateur français a imitée sur beaucoup de points, limite le pouvoir du juge au cas où il prononce une peine d'emprisonnement de six mois ou au-dessous. Pour un emprisonnement qui excède six mois, la suspension ne peut pas être prononcée.

La loi française s'est montrée plus libérale à l'égard des prévenus, puisqu'elle permet au juge de prononcer la suspension de peine, quelle que soit la durée de la peine d'emprisonnement, fût-elle de cinq ans. La loi française est préférable sur ce point à la loi belge.

Bien que la loi du 26 mars ne prévoie point le cas d'une contravention de simple police, il n'y a pas de raison pour refuser au juge de paix la faculté de surseoir à l'exécution de la peine qu'il a prononcée. Le sursis s'attache, comme l'a dit M. Bérenger, à la nature de la peine, non à la juridiction saisie. (*Sic :* Brégeault, *Revue de législation*, 15 avril 1891 ; voir premier rapport du sénateur Bérenger, p. 4.)

On s'est demandé s'il fallait assimiler à l'emprisonnement l'envoi en correction des mineurs de seize ans, acquittés ou condamnés par application des art. 66, 67 et 68 du Code pénal.

Il faut, je crois, sur ce point, établir une distinction.

Si le mineur est déclaré coupable comme ayant agi avec discernement, son envoi dans une maison de correction est une peine : rien ne fait obstacle, dans ce premier cas, à ce que le tribunal accorde le sursis.

Si le mineur est acquitté comme ayant agi sans discernement, il est également envoyé dans une maison de correction ; mais cet envoi en correction n'est pas une peine, c'est une simple mesure administrative. Le sursis n'est donc pas applicable dans ce cas. (*Revue de législation*, étude de M. Laborde sur la loi Bérenger, p. 404.)

M. Brégeault n'admet pas cette opinion. Pour lui, l'envoi en correction dont il s'agit ne doit jamais être assimilé à l'emprisonnement, parce qu'il affecte toujours, d'après lui, le caractère d'une mesure d'éducation. « Dans le cas de l'art 66, dit-il, le mineur ayant agi sans discernement, l'envoi en correction n'est pas une peine, mais une mesure prise le plus souvent, surtout depuis quelques années, dans l'intérêt même de l'enfant. Les art. 67 et 68 font bien de la détention correctionnelle une peine ; mais, d'une part, elle est substituée à des peines criminelles, et d'autre part, même dans ce cas, l'envoi en correction affecte encore le caractère d'une mesure d'éducation » (*Lois nouvelles*, pp. 317 et 318.)

Cette manière de voir est erronée sur un point. Il n'y a, en effet, qu'à lire l'art. 67, pour voir clairement que ce texte prononce une condamnation à l'emprisonnement et ne prescrit pas seulement une simple mesure d'éducation : « condamné à... d'emprisonnement dans une maison de correction. »

La loi ajoute que le tribunal peut également accorder la faveur du sursis pour une condamnation à l'amende. Le texte primitif ne s'était en aucune façon préoccupé des condamnations à l'amende.

L'amende consiste à payer une certaine somme au trésor public. En décidant que le tribunal pourra surseoir à l'exécution de l'amende, la loi du 26 mars a dépassé son but, qui était seulement de soustraire les condamnés primaires à la flétrissure de la peine corporelle et au contact malsain des criminels.

C'est au sénateur Trarieux qu'est due l'application du sursis aux condamnations à l'amende. D'après lui, un individu condamné à l'amende ne devait pas être moins favorablement traité qu'un individu condamné à l'emprisonnement.

Malgré les efforts du rapporteur, l'amendement Trarieux fut pris en considération par le Sénat.

Cette disposition a des conséquences absolument regrettables pour le trésor. Chaque sursis se traduira par une perte pour celui-ci.

Comme le fit remarquer le rapporteur, l'amende ne produit aucun des effets funestes de la prison. La suspension équivaut à la radiation immédiate de la condamnation. D'ailleurs, il est un principe dont on n'a pas tenu compte, principe important en matière d'administration financière, c'est que l'amende, une fois prononcée, appartient au trésor, qui seul peut en faire remise, sans que le tribunal ait qualité pour dispenser le condamné du paiement de cette amende. Le Parlement a fait fi de ce principe.

Le sursis peut être prononcé pour les condamnations à l'amende prévues par le Code pénal, soit en matière correctionnelle, soit en matière de contravention de police.

Mais le sursis peut-il être prononcé pour les condamnations aux amendes fiscales infligées par les tribunaux correctionnels ?

J'estime qu'il y a lieu de décider que le tribunal correctionnel a qualité pour prononcer le sursis même dans ce cas. L'amende fiscale a un double caractère, pénal et civil à la fois ; mais le caractère de réparation pénale est prépondérant. D'ailleurs, la loi du 30 mars 1888 a reconnu le caractère de peine à ces amendes en admettant pour certaines d'entre elles, celles relatives aux contributions indirectes, l'application des circonstances atténuantes.

La suspension de la peine ou le principe de la condamnation conditionnelle ne s'applique qu'à l'emprisonnement et à l'amende. Si donc l'infraction entraîne des peines accessoires, telle que l'incapacité électorale, le tribunal ne pourra surseoir à l'exécution de ces peines. Ces incapacités sont attachées à la condamnation, non à la peine, à tel point que la grâce ne les fait pas disparaître. Les tribunaux, d'ailleurs, ne doivent point laisser l'exercice des droits politiques à des gens qui sont indignes de les pratiquer.

Aux termes de l'art. 2 de la loi du 26 mars, le sursis ne comprend pas, non plus, les frais de justice ni les dommages et intérêts, parce que les frais de justice et les dommages et intérêts ont le caractère d'une réparation civile.

Le même texte est muet sur les voies de recouvrement. La contrainte par corps peut-elle faire l'objet d'un sursis? La contrainte par corps a une grande analogie avec l'emprisonnement. Le caractère pénal prédomine dans cette voie de recouvrement. Je crois donc que le tribunal correctionnel a qualité pour en suspendre l'exercice par un sursis, tout aussi bien qu'il peut surseoir à l'emprisonnement. Il y a dans l'espèce la même raison de décider.

MM. Brégeault et Laborde ne partagent pas cette manière de voir. Ils estiment, au contraire, que, dans la contrainte par corps, c'est le caractère civil qui est prépondérant, et que le tribunal est sans qualité pour surseoir à son exécution (Laborde, *Lois nouvelles*, p. 414 ; Brégeault, *Revue de législation*, *op. cit.*, p. 325.)

A quelles personnes le tribunal peut-il accorder le sursis? Une condition indispensable pour que la suspension puisse être accordée, c'est que le condamné n'ait pas subi de condamnation antérieure à la prison pour crime ou délit de droit commun.

C'est la première faute que le législateur a voulu pardonner, en faisant bénéficier son auteur de la suspension de la peine. L'atténuation, tendant à cet unique but, n'avait plus de raison d'être pour un coupable qui est déjà récidiviste.

M. Reybert avait déposé en 1886 sur le bureau de la Chambre des députés une proposition qui accordait au juge la faculté de suspendre l'exécution de la peine dans tous les cas, même lorsque le condamné avait déjà subi plusieurs condamnations antérieures.

Le Parlement français a repoussé un système aussi illogique que dangereux pour la société. « L'opinion publique, fit remarquer à ce propos M. Bérenger, s'alarmerait avec raison de voir échapper à toute répression effective l'homme qui déjà a bravé la loi et qu'un premier châtiment n'a pas suffi à préserver des rechutes. » (Rapport Bérenger, p. 11.)

Pour qu'une condamnation antérieure puisse donc mettre obstacle à l'atténuation de la peine, il faut qu'elle ait été à l'emprisonnement pour crime ou délit de droit commun, en un mot, pour un fait d'une certaine gravité. Ainsi, les condamnations, même corporelles, pour contravention de police, ne font pas obstacle à la décision du sursis. De même, une condamnation à l'amende, fût-elle pour délit, n'empêche point le condamné de bénéficier de la faveur du sursis.

La loi belge de 1888, dans son art. 9, exclut la possibilité de la suspension de la peine en cas de condamnation antérieure, même à l'amende seulement.

La loi du 26 mars ne parle que de condamnation antérieure à la prison. Il va sans dire que si la condamnation antérieure était une condamnation à une peine supérieure à celle de la prison, *a fortiori* on ne pourrait pas accorder le bénéfice de la loi nouvelle. La pensée du législateur a été qu'il fallait au moins une condamnation antérieure à l'emprisonnement pour être privé du bénéfice de la loi nouvelle.

D'après M. Brégeault (*loco citato*, p. 319), la condamnation d'un mineur de 16 ans fait obstacle au sursis. Cette opinion me paraît fondée en droit. La détention par voie correctionnelle est une véritable peine. Le mineur, dans ce cas, a été déclaré coupable comme ayant agi avec discernement. La détention prononcée contre lui est donc une peine, peine qui doit être subie, à cause de l'âge du condamné, dans des conditions particulières, mais qui n'en constitue pas moins une peine d'emprisonnement, ainsi que cela résulte des termes formels de l'art. 67.

Mais il n'en serait pas de même de l'envoi en correction d'un mineur de [16 ans, par application de l'art. 66 du Code pénal. Cette mesure, prononcée en vertu de l'art. 66 du Code pénal, ne doit pas être envisagée comme une peine d'emprisonnement appliquée au mineur, mais comme une simple mesure d'éducation.

S'il ne faut qu'une seule condamnation à la prison antérieurement prononcée pour que le bénéfice de la loi du 26 mars ne puisse être accordé à un délinquant, il est nécessaire, toutefois, aux termes du premier paragraphe de l'art. 1er, que cette condamnation, soit à une peine d'emprisonnement, soit à une peine criminelle, ait eu pour cause « un crime ou délit de droit commun ».

Que faut-il entendre par ces mots : crime ou délit de droit commun ? Ces expressions doivent être entendues *secundum subjectam materiam*. Nous croyons que ces mots sont opposés, dans l'espèce, à crimes et délits politiques.

Ni dans les rapports présentés aux Chambres, ni dans les discussions auxquelles le projet a donné lieu devant ces assemblées, il n'a été un moment question de la signification de ces mots.

Il est à présumer que le législateur a voulu exclure du bénéfice du sursis les condamnations antérieures pour crime ou délit de droit commun, par opposition aux crimes ou délits politiques. Ainsi, un individu, condamné antérieurement pour crime ou délit politique, pourra, nonobstant cette condamnation, bénéficier du sursis. (*Sic :* Brégeault, *Lois nouvelles*, p. 319.)

Tous crimes passibles de peines politiques, telles que le bannissement, la détention, se trouvent donc en dehors des prévisions du législateur, et les condamnations auxquelles ils auront donné lieu n'empêcheront pas la suspension d'une condamnation postérieure, encore que ce soit une peine d'emprisonnement qui ait été prononcée, pour punir ces crimes, par application de l'art. 463.

Mais une condamnation pour crime ou délit prévu par une loi spéciale empêche-t-elle le prévenu d'obtenir la suspension de la peine nouvelle ?

M. Laborde pense qu'une condamnation pour crime ou délit prévu par une loi spéciale ne fait pas obstacle au bénéfice du sursis. (*Lois nouvelles*, p. 403.)

Je ne partage point cette opinion. Les crimes et délits prévus, en dehors du Code pénal, par des lois spéciales et particulières, peuvent présenter un caractère de gravité et de perversité tel qu'il ne permet pas d'accorder le bénéfice du sursis au condamné : je n'en veux d'autre exemple que le délit d'espionnage. Une condamnation antérieure pour ces sortes de délit doit donc faire obstacle au bénéfice du sursis.

On s'est demandé s'il fallait assimiler aux délits politiques et considérer comme étant en dehors des crimes et délits de droit commun les crimes et délits de presse prévus par la loi du 29 juillet 1881.

Avant la loi de 1881, les crimes et délits de presse étaient considérés comme des délits politiques. (Voir Chauveau et Faustin Hélie, *op. cit.*, t. I, p. 326.)

Depuis la loi de 1881, sur la liberté de la presse, il n'en est plus de même. Les délits de presse proprement dits ont disparu avec la promulgation de la nouvelle loi, qui ne réprime plus que les crimes et délits de droit commun commis par la voie de la presse. C'est ce qui résulte notamment d'une façon très nette et certaine du rapport de M. Lisbonne à la Chambre des députés : « Nous avons dit : plus de délit d'opinion, de doctrine, de tendance. Les actes seuls seront désormais réprimés, ceux que le droit commun réprouve et condamne. » Il est inutile d'insister pour montrer que les crimes et délits de la loi de 1881 ne sont pas des crimes et délits politiques et qu'ils devront être compris parmi les crimes et délits de droit commun visés par l'art. 1er de la loi du 26 mars 1891. Une condamnation à l'emprisonnement pour délit de presse suffira pour mettre obstacle à la suspension d'une seconde condamnation.

Enfin, par ces mots crimes et délits de droit commun, le législateur a voulu aussi, croyons-nous, que le tribunal, avant de statuer sur le sursis, ne tînt pas compte des condamnations antérieures prononcées par les tribunaux militaires ou maritimes.

Mais nous n'entendons pas dire par là que ce sont toutes les condamnations antérieures pour crimes ou délits prononcées par les tribunaux militaires ou maritimes qui seront exclues par les termes de la loi ; ce seront seulement les crimes ou délits d'ordre purement militaire, prévus par les Codes de justice militaire. S'il s'agit d'un vol, délit de droit commun, déféré aux tribunaux militaires à cause de la qualité de l'auteur, la condamnation prononcée antérieurement pour ce vol, délit de droit commun, mettra obstacle à l'obtention du sursis, en cas de condamnation postérieure.

La faveur de la suspension de la peine peut être accordée aussi bien à un étranger qu'à un Français. La loi n'admet aucune distinction sur ce point. Elle a été édictée autant pour protéger l'étranger que les nationaux contre le danger de l'emprisonnement et les rechutes successives. C'est une loi de sauvegarde pour les individus et, par ricochet, pour la société elle-même.

Quelle est la juridiction qui peut prononcer le sursis ? « Les Cours ou tribunaux, » dit l'art. 1er.

Il n'y a aucune difficulté en ce qui concerne les tribunaux de police correctionnelle et les Cours d'appel statuant sur appel des jugements de ces tribunaux, ou en première instance à l'égard de certains fonctionnaires (art. 479 et suiv. du Code d'instruction criminelle).

Il résulte des travaux préparatoires que l'art. 1er est applicable aux Cours d'assises, lorsqu'elles ne prononcent qu'une peine d'emprisonnement. Je prends une espèce qui se présente très souvent dans la pratique : un individu est poursuivi en Cour d'assises pour vol qualifié. Mais le jury, tout en le déclarant coupable, écarte les circonstances aggravantes. La peine encourue sera celle de l'emprisonnement. De même dans le cas où, bien que le fait reste crime, le coupable est, par suite de l'admission des circonstances atténuantes, puni d'une peine d'emprisonnement. Ainsi encore pour les cas de provocation et d'excuse, qui font dégénérer le crime en délit et entraînent seulement une peine d'emprisonnement. La loi du 26 mars ne considère pas l'infraction, mais la nature de la peine appliquée. Peu importe, dès lors, la qualification du fait punissable.

Il est même bon de remarquer que, dans la pensée de ses auteurs, la loi du 26 mars sera peut-être un moyen d'éviter à l'avenir des verdicts d'acquittement résultant d'une indulgence excessive du jury. « Le jury, dit M. Barthou dans son rapport (p. 14), ne sera-t-il pas plus enclin à reconnaître par un verdict formel une culpabilité certaine, lorsque sa réponse affirmative ne condamnera pas fatalement un homme dont la vie, jusque-là irréprochable, s'est compromise dans une minute d'égarement, à la flétrissure de la prison et aux révélations déshonorantes du casier judiciaire ? »

Voilà pour les tribunaux correctionnels et les Cours d'assises. Mais l'art. 1er vise-t-il aussi les condamnations à l'amende ou à l'emprisonnement prononcées par les tribunaux de simple police? Le législateur ne s'en est pas expliqué formellement et rien n'a été dit sur ce point dans les travaux préparatoires. L'art. 1er est conçu en des termes généraux. Il n'établit aucune distinction entre les condamnations correctionnelles et celles de simple police. D'ailleurs, nous sommes ici en matière pénale, et tout condamné doit bénéficier d'une disposition de faveur dont la loi ne le prive pas expressément. Du reste, quoi de plus naturel que de faire bénéficier d'une mesure de faveur les condamnés coupables de faits moins graves que ceux commis par les délinquants à qui la loi est certainement applicable?

Les tribunaux d'exception, tels que les tribunaux militaires, pourront-ils user du droit d'atténuation créé par la loi nouvelle? L'art. 7 de la loi du 26 mars 1891 refuse formellement à la juridiction des Conseils de guerre le droit d'ordonner de surseoir à l'exécution des peines qu'ils prononceront.

Il faut en dire autant, par *à pari*, des tribunaux maritimes.

Dans quelle forme le tribunal doit-il accorder le sursis?

Le sursis doit être accordé dans le même jugement qui prononce la condamnation. Un jugement postérieur serait sans qualité pour statuer sur le sursis. Au surplus, la décision du sursis doit être motivée, sans qu'il soit nécessaire pour cela d'énumérer toutes les circonstances de la cause.

Aux termes de l'art. 3, le président de la Cour ou

du tribunal doit, après avoir prononcé la suspension, avertir le condamné que, en cas de nouvelle condamnation dans les conditions de l'article 1er, la première peine sera exécutée sans confusion possible avec la seconde et que les peines de la récidive seront encourues dans les termes des art. 57 et 58 du Code pénal.

Par ces dispositions, le législateur a voulu appeler particulièrement l'attention des juges sur le pouvoir nouveau qui leur est confié et sur les raisons qui devront les déterminer à en user. Il résulte de ces textes que le jugement, en ce qui touche le sursis, serait attaquable de la part du ministère public si la décision du tribunal sur ce point n'était point motivée.

Que décider dans le cas où, le sursis ayant été accordé par le tribunal correctionnel, le ministère public fait appel du jugement. Le condamné doit-il être mis en liberté ?

D'après M. Laborde (*Lois nouvelles*, p. 408), le sursis doit produire son effet à partir de la première décision.

Cette interprétation de l'art. 1er ne me paraît pas exacte. Le sursis constitue une condamnation sous condition ; il ne peut juridiquement être assimilé à un acquittement. Il serait imprudent de relâcher un condamné avant l'issue du procès.

Disons quelques mots sur les effets du sursis. Nous savons qu'en cas de nouvelle condamnation dans le délai de cinq ans la première peine suspendue sera exécutée sans confusion avec la seconde. Mais il faut, pour cela, que la seconde condamnation soit prononcée pour crime ou délit de droit commun. Il n'y a aucune déchéance de sursis à encourir pour une seconde condamnation politique ou de simple police.

Si un individu qui a obtenu le sursis est condamné après l'expiration du délai de cinq ans, il peut obtenir un second sursis. En pratique, les juges ne le prononceront jamais dans ce cas ; mais la loi ne s'y oppose pas. La première condamnation est effacée du casier judiciaire après l'expiration du délai de cinq ans. Celui qui commet un second crime ou délit après ce délai est considéré légalement comme un nouveau délinquant.

Un condamné peut-il refuser la faveur du sursis ? Cette question est assez singulière, mais enfin il est bon de prévoir le cas. Rien n'est nouveau sous le soleil, comme on dit. Je crois qu'un condamné ne peut pas refuser la faveur du sursis. La nouvelle loi sur la condamnation conditionnelle est d'ordre public. Il ne doit être permis à personne d'y déroger. Cela résulte, d'ailleurs, des débats auxquels a donné lieu cette question particulière et assez originale. On ne déroge pas aux lois qui intéressent l'ordre public.

SECTION III

DES CONDITIONS ET DES EFFETS DE LA RÉCIDIVE CORRECTIONNELLE

La loi du 26 mars 1891 introduit de nombreuses modifications dans le droit pénal français. Nous les avons déjà examinées dans leur généralité ; il est temps d'entrer dans les détails.

L'art. 5 modifie, comme nous le savons, deux dispositions du Code pénal, les art. 57 et 58.

Nous donnerons, pour plus de clarté, en regard du texte des art. 57 et 58 du Code pénal modifiés, leur texte ancien.

Article 5.

Les art. 57 et 58 du Code pénal sont modifiés comme il suit :

Art. 57 du Code pénal.

Quiconque, ayant été condamné pour crime à une peine supérieure à une année d'emprisonnement, a commis un délit ou un crime qui devra n'être puni que de peines correctionnelles, sera condamné au maximum de la peine portée par la loi et cette peine pourra être élevée jusqu'au double. Le condamné sera, de plus, mis sous la surveillance spéciale de la haute police pendant 5 ans au moins et 10 ans au plus.

Art. 57 modifié.

Quiconque, ayant été condamné pour crime à une peine supérieure à une année d'emprisonnement, aura, dans un délai de 5 ans après l'expiration de cette peine ou sa prescription, commis un délit ou un crime qui devra être puni de l'emprisonnement, sera condamné au maximum de la peine portée par la loi et cette peine pourra être élevée jusqu'au double. Défense pourra être faite, en outre, au condamné de paraître, pendant 5 ans au moins et 10 ans au plus, dans les lieux dont l'interdiction lui sera signifiée par le gouvernement avant sa libération.

Art. 58 du Code pénal.

Les coupables condamnés correctionnellement à un emprisonnement de plus d'une année seront aussi, en cas de nouveau délit ou de crime qui devra n'être puni que de peines correctionnelles, condamnés au maximum de la peine portée par la loi, et cette peine pourra être élevée jusqu'au double. Ils seront, de plus, mis sous la surveillance du gouvernement pendant 5 ans au moins et 10 ans au plus.

Art. 58 modifié.

Il en sera de même pour les condamnés à un emprisonnement de plus d'une année pour délit, qui, dans le même délai, seraient reconnus coupables du même délit ou d'un crime devant être puni de l'emprisonnement. Ceux qui, ayant été antérieurement condamnés à une peine d'emprisonnement de moindre durée, commettraient le même délit dans les mêmes conditions *de temps*, seront condamnés à une peine d'emprisonnement qui ne pourra être inférieure au double de celle précédemment prononcée, sans toutefois qu'elle puisse dépasser le double du maximum de la peine encourue. Les délits de vol, escroquerie et abus de confiance seront considérés comme étant, au point de vue de la récidive, le même délit. Il

en sera de même des dé-
lits de vagabondage et de
mendicité.

Avant de commenter les modifications apportées
par la loi du 26 mars 1891, exposons brièvement la
législation antérieure.

D'après l'ancien art. 57 du Code pénal, revisé
par la loi du 13 mai 1803, l'individu qui, après
avoir été condamné pour crime à une peine supérieure
à une année d'emprisonnement, commettait un délit ou un crime puni seulement de peines correctionnelles, grâce aux circonstances de la cause, devait
être condamné au maximum de la peine portée par
la loi, et cette peine pouvait être élevée jusqu'au
double. Le condamné devait être, de plus, mis sous
la surveillance spéciale de la haute police, remplacée par l'interdiction de séjour, pendant 5 ans
au moins et 10 ans au plus.

L'aggravation de peine due à la récidive s'appli-
quait, aux termes de l'art. 57, au condamné qui avait
commis soit un crime « qui devait n'être puni que de
peines correctionnelles », soit un délit. La loi nouvelle a remplacé les mots « peines correctionnelles »
par ceux-ci « peine de l'emprisonnement ». Ces
deux expressions sont équivalentes, et les difficultés
qu'avait fait naître l'interprétation de l'art. 57
subsistent encore aujourd'hui. Nous devons donc
examiner la question, car elle est des plus importantes, et essayer de la résoudre.

On peut donner à ces mots « crime qui devra n'être
puni que de peines correctionnelles — ou de l'emprisonnement », trois sens différents :

1° Un fait, poursuivi comme crime, peut n'être puni que de l'emprisonnement par l'effet de l'admission d'une excuse légale, par exemple, de la provocation de la minorité de seize ans ;

2° Un fait poursuivi, comme crime, par exemple un vol, commis avec escalade et effraction, peut n'être puni que de la peine d'emprisonnement, parce que le jury aura écarté les circonstances aggravantes, constitutives du crime ;

3° Un fait, poursuivi comme crime, peut n'être puni que de l'emprisonnement par suite de l'admission des circonstances atténuantes.

Il est certain que le crime qui n'est puni que de peines correctionnelles par suite de l'admission d'une excuse légale rentre dans les termes de l'art. 57. Il s'ensuit que, dans l'application de la peine, l'atténuation de l'excuse légale doit précéder l'aggravation due à la récidive.

Il n'en est pas de même du fait poursuivi comme crime et puni de peines correctionnelles grâce à la disparition des circonstances aggravantes. Cette hypothèse n'est certainement pas celle visée par l'art. 57 : il n'y a plus crime dans l'espèce, mais simplement délit. C'est la qualification légale qui change, et non pas seulement la peine.

Les auteurs sont à peu près d'accord sur les deux points que nous passons en revue. Mais la question devient plus délicate, quand il s'agit de savoir si le fait poursuivi pour crime et puni seulement de l'emprisonnement par suite de l'admission de circonstances atténuantes rentre ou non dans les termes de l'art. 57.

Cette question a fait naître beaucoup de controver-

ses. Il est évident que, si l'on admet que ces mots
« crime qui devra n'être puni que de l'emprisonnement » visent le cas où, par l'effet de circonstances
atténuantes, la peine criminelle, édictée par la loi,
descend à une peine correctionnelle, il faut décider
que l'atténuation due aux circonstances atténuantes
doit précéder l'aggravation due à la récidive.

Un grand intérêt s'attache à la solution de cette
question ; car, suivant que, dans l'application des
peines, le juge suivra l'un ou l'autre système, la
peine définitivement prononcée pourra être bien
différente.

La jurisprudence paraît s'être arrêtée à cette solution, que, dans le calcul de la peine, l'aggravation
pour cause de récidive doit précéder l'atténuation
pour cause de circonstances atténuantes. Mais la
Cour de cassation n'est arrivée à cette solution
qu'après bien des hésitations. Il semble résulter, en
effet, de la discussion de la loi du 13 mai 1863 qu'il
ait été dans la pensée du législateur de cette époque
d'appliquer les art. 57 et 58, au cas où le fait incriminé n'est puni d'une peine d'emprisonnement que
par suite de l'admission des circonstances atténuantes, et, par conséquent, de faire fonctionner
les circonstances atténuantes avant la récidive.
M. Dutruc (le Code pénal expliqué, p. 90) n'émet
aucun doute sur la question : « Il se dégage de
la loi du 13 mai 1863, observe-t-il, qu'il y a récidive
de la part de celui qui, ayant été condamné correctionnellement à un emprisonnement de plus d'une
année, a été ultérieurement poursuivi pour crime,
si le dernier fait ne doit être puni que de peines
correctionnelles pour quelque cause que ce soit, c'est-

à-dire tant par l'effet de la déclaration de circonstances atténuantes, que par celui de l'élimination de circonstances aggravantes ou de l'admission d'une excuse. »

La Cour suprême avait jugé tout d'abord que les art. 57 et 58 s'appliquaient au cas où le second crime était puni de peines correctionnelles, par l'effet de circonstances atténuantes. Cette opinion entraînait l'atténuation due aux circonstances atténuantes avant l'aggravation de la récidive. (Cassation, 26 mars 1864, Sirey, 64. 1. 146 ; 15 septembre 1864, Sirey, 65. 1. 101.)

Chauveau et Faustin-Hélie se rallièrent à cette jurisprudence. « La pensée dominante de la loi de 1863, disent-ils, a été d'introduire l'aggravation pour récidive partout où on pourrait voir une variété de récidive de délit à délit, et spécialement dans les cas où la peine du crime se correctionnaliserait par l'effet des circonstances atténuantes. » (*Code pénal*, tome VI, supplément, pp. 27 et 28.)

Cette manière de décider rencontra, dans la doctrine et la jurisprudence, d'énergiques contradictions. (Voir arrêt Cour d'assises de Saône-et-Loire, 7 décembre 1863, Sirey, 64. 24. 1; Labbé, *Revue critique*, tome XXIV, p. 298.)

En présence de ces critiques, la Cour suprême ne tarda pas à revenir sur sa jurisprudence antérieure. Nous disions tantôt qu'elle était aujourd'hui fixée en ce sens que, dans le calcul de la peine, l'aggravation due à la récidive doit précéder l'atténuation due à l'application de l'art. 463 du Code pénal. (Cassation, 5 avril 1866, Sirey, 67. 1. 48 ; 15 mai 1874, Sirey, 75. 1. 95 ; 9 juin 1877, Sirey, 78. 1. 281 ; 6 novembre 1879, Sirey, 81 . 1 . 192 ; 29 avril et 29 juillet 1880, Sirey, 82. 1 . 336 ; 3 juillet 1884, Dalloz, 86. 1. 96.)

Nous croyons cette jurisprudence conforme aux principes juridiques et aux textes du droit français.

En premier lieu, la solution donnée par la Cour suprême nous paraît fondée sur les principes juridiques. En effet, quel a été le but des circonstances atténuantes dans la pensée du législateur? Elles ont été destinées à corriger, par une appréciation extra-légale et toute de conscience, les imperfections de la loi, ses rigueurs, notamment, en matière de récidive. Or, les circonstances atténuantes ayant été instituées pour permettre aux juges d'abaisser, selon les règles d'équité, les peines établies *à priori* par la loi contre le crime et contre le récidiviste, doivent être appliquées, dans la marche à suivre pour la fixation des peines, après la récidive. Elles seront comme un remède à la récidive.

En second lieu, l'opinion de la jurisprudence est conforme aux textes législatifs du droit français. En effet, l'art. 463 du Code pénal dispose que l'effet des circonstances atténuantes doit porter sur *les peines prononcées par la loi.* Or, la peine, aggravée par l'état de récidive, est bien une peine prononcée par la loi : voilà la peine qu'il s'agira d'atténuer. L'art. 341 du Code d'instruction criminelle n'est pas moins formel en ce sens. « En toute matière criminelle, *même en cas de récidive,* le président..... avertit le jury que s'il pense, à la majorité, qu'il existe..... des circonstances atténuantes..... » Cette disposition indique clairement que l'aggravation de la récidive doit précéder l'atténuation des circonstances atténuantes. On peut tirer un argument analogue du texte même, relatif aux circonstances atténuantes, de l'art. 463. (Voir Blanche, t. VI, n° 690 ; Garraud, II, pp. 330 et 331 ; Ortolan, t. II, n° 1666 *bis*.)

Ces principes posés, il nous reste à nous demander quelle était la législation antérieure à la loi du 26 mars, au sujet de la récidive de peine correctionnelle à peine correctionnelle.

Le Code pénal français n'aggravait cette récidive que lorsque la peine correctionnelle, prononcée pour le premier crime ou délit, était supérieure à une année d'emprisonnement (art. 57 et 58 anciens).

Le législateur avait pensé que, pour attacher un effet aggravant à la seconde condamnation, la première devait avoir une certaine gravité. Cette limite de plus d'une année d'emprisonnement était donc très importante sous l'empire des anciens art. 57 et 58. C'est ce qui explique, dans la pratique, la fréquence des condamnations à un an et un jour d'emprisonnement.

Lors de la discussion du 26 mars 1891, on a constaté avec raison qu'il y avait une lacune dans le Code pénal. Le législateur a créé, en conséquence, ce qu'on a appelé la petite récidive, qui s'applique aux individus qui, après avoir été condamnés à une peine d'emprisonnement d'un an ou de moindre durée, commettent le même délit dans le délai de cinq ans.

Déjà, tandis que le Code pénal ne tenait aucun compte de la réitération des petits délits passibles d'une peine inférieure à un an et un jour, tels que vol, escroquerie, abus de confiance, vagabondage, mendicité, rupture de ban, réitération qui dénote bien, chez le délinquant, l'habitude criminelle, la loi du 27 mai 1885, sous l'influence de cette considération d'ordre social, que les malfaiteurs de profession se multipliaient de jour en jour, a fait de la réitération des petits délits précités un élément de récidive et la punit de la relégation.

Les modifications apportées à l'art. 57 par la loi du 26 mars 1891 sont donc au nombre de trois :

1° L'aggravation ne se produira plus qu'à l'égard des délits passibles d'une peine d'emprisonnement, non, par conséquent, à l'égard de ceux punissables d'une amende seulement. Cela provient de ce que les expressions : « peines correctionnelles » ont été changées en « peine de l'emprisonnement ».

2° L'aggravation de la peine ne se produira que si la seconde infraction a été commise dans un délai de cinq ans après l'expiration de la première peine ou sa prescription. Sur ce point, l'art. 57 reçoit une considérable atténuation, la nouvelle loi est infiniment plus douce que le texte du Code pénal. Il y a lieu de regretter que la loi ait adopté un délai aussi court. « Un individu, condamné pour crime, observe très justement M. Brégeault (*Lois nouvelles*, p. 330), qui, après avoir subi sa peine, peut-être réduite par la grâce, ou même, après s'être soustrait aux recherches de la justice et avoir passé le temps de la prescription on ne sait où, à l'étranger le plus souvent, et vivant on devine comment, commet un nouveau délit ou même un crime cinq ans plus tard, est-il digne d'une semblable indulgence ? »

3° D'après l'ancien art. 57, le tribunal était obligé de prononcer l'interdiction de séjour contre les récidivistes correctionnels. Le nouvel art. 57 rend l'interdiction de séjour facultative. Cette modification a mis en harmonie la loi du 26 mars 1891 avec la loi du 23 janvier 1874, qui rend la surveillance facultative en matière criminelle. On sait que la surveillance de la haute police a été remplacée par l'interdiction de séjour depuis la loi du 27 mai 1885.

La loi du 26 mars 1891 a apporté, en matière de récidive de délit à délit, prévue par l'art. 58 du Code pénal, deux importantes modifications, indépendamment de la prescription quinquennale de la récidive, admise déjà en matière de récidive de crime à délit.

Comme nous le disions plus haut, la création de la petite récidive est venue combler une lacune dans la législation criminelle française. Le Code pénal édictait bien une aggravation de peine en matière de récidive de crime à crime ou à délit, et de contravention à contravention, mais il n'aggravait la peine, en matière de récidive de délit à délit, que dans le cas où la première condamnation excédait une année d'emprisonnement. Il y avait là, selon l'expression du rapporteur, une espèce de « champ réservé » ou le malfaiteur pouvait laisser libre cours à ses mauvais instincts sans crainte de s'exposer à l'aggravation de la récidive, et « ce domaine privilégié, » suivant une autre expression du même rapporteur, représentait plus des neuf dixièmes de la criminalité. (Rapport Bérenger, p. 21.)

Aujourd'hui tombent sous le coup de la petite récidive tous les individus qui, après avoir été condamnés à une peine d'un an ou inférieure à un an, ont commis une nouvelle infraction dans le délai de cinq ans. Dans ce cas, le minimum de la peine sera

le double de la peine précédemment prononcée par
le tribunal, et le maximum sera le double du maximum de la peine encourue pour la seconde infraction.

La seconde innovation relativement à l'art. 78 n'est
pas moins importante que la première. La loi de
1891 a donné le caractère de spécialité à la récidive
de délit à délit. Il faut, aujourd'hui, pour qu'il y
ait récidive de délit à délit, que le second fait soit
de même nature que le premier et prévu par le même
article du Code pénal. Nous avons déjà fait connaître longuement notre opinion relativement à la récidive spéciale. Nous n'y reviendrons pas.

La loi nouvelle, tout en adoptant le principe de la
récidive spéciale, assimile entre eux certains délits,
ce qui diminue, dans une certaine mesure, les inconvénients de la spécialité.

En premier lieu, la loi assimile le vol, l'escroquerie et l'abus de confiance. Il résulte d'une déclaration formelle du rapporteur à ce sujet (*Journal
officiel*, Chambre des députés, séance du 22 mars
1891, p. 691) que les art. 406 et 407, relatifs, le
premier aux abus des besoins, faiblesses ou passions
d'un mineur, et le second aux abus de blanc-seing,
sont compris dans cette assimilation.

A part les deux délits indiqués par M. Barthou,
il ne serait pas juridique d'étendre l'assimilation à
la filouterie d'aliments (art. 401), à la soustraction
de pièces dans une contestation judiciaire (art. 409),
à la destruction des titres (art. 439), ni à la fraude
en matière de société (art. 15 de la loi du 24 juillet
1867).

L'énumération de l'art. 58 est limitative.

En second lieu, il y a assimilation entre le vagabondage et la mendicité. Cette assimilation comprendra non seulement la mendicité simple (art. 274 et 275), mais la mendicité avec menaces, simulation d'infirmités, et en réunion (art. 276).

Sous l'empire du Code pénal, toutes les peines du délit commis en récidive étaient aggravées. D'après la loi du 26 mars, l'aggravation ne porte plus que sur l'emprisonnement. Il n'y aura rien à changer au taux des peines complémentaires et de l'amende. Il n'existe aucun doute qu'il en soit ainsi pour la petite récidive (art. 58, § 2). Mais cette innovation existe-t-elle également pour la grande récidive ?

Le nouvel art. 57, auquel se réfère le nouvel art. 58, § 1er, a conservé la formule de l'ancien art. 57 : « Sera condamné au maximum de la peine portée par la loi. » Il semble que cette expression « la peine » s'entend de toute la pénalité du second délit de l'ensemble des peines qui lui étaient applicables.

Je crois cependant que, dans les art. 57 et 58 (1°), l'aggravation de la peine à raison de la récidive doit être restreinte à l'emprisonnement.

Les travaux préparatoires le prouvent. « En matière correctionnelle, dit M. Barthou (*Journal officiel*, p. 467), il n'y a qu'une peine, l'emprisonnement. » La récidive, aux termes des art. 57 et 58, entraîne le maximum de la peine qui peut être portée jusqu'au double. Le législateur de 1891 a donc voulu opérer cette réforme.

Il est bon de remarquer également que le sens des expressions « la peine portée par la loi » se détermine par ce qui les précède, c'est-à-dire par les mots : « puni de la peine de l'emprisonnement. »

Qu'est-ce qui détermine la répression de la récidive? C'est incontestablement l'emprisonnement encouru pour le second délit. Il est donc logique que cet emprisonnement subisse seul l'aggravation due à la récidive.

Cette interprétation est, d'ailleurs, exigée par les principes généraux. Car il est un principe dans les lois pénales, d'après lequel ce qui est douteux doit toujours être résolu dans un sens favorable au prévenu.

Enfin, la lecture des art. 57 et 58 montre bien que, si la loi a établi une différence, au point de vue de la peine, entre la grande et la petite récidive, c'est non pas dans la nature de la peine qu'il s'agit d'aggraver, mais seulement dans le calcul de l'aggravation.

Terminons, en faisant observer que l'art. 463, relatif aux circonstances atténuantes, reste, comme par le passé, applicable aux nouveaux art. 57 et 58. Bien que le maintien de cette disposition soit équitable et humain, il faut reconnaître cependant que la pensée primitive de l'auteur de la proposition de loi a été méconnue bien souvent, et que le second objet de cette proposition, qui était de fortifier la répression à l'égard des récidivistes, n'a pas été suffisamment rempli, de sorte que la loi nouvelle reste, comme on l'a très justement fait remarquer, une loi d'atténuation plutôt qu'une loi d'aggravation à l'égard des récidivistes. Si la première partie de la loi Bérenger est excellente et peut produire de merveilleux résultats en intéressant le délinquant primaire à ne pas encourir une seconde condamnation, la seconde partie, grâce à l'esprit français porté à l'excès à l'indulgence, atténue la situation des condamnés secondaires qu'elle aurait dû aggraver.

TITRE V

DE LA DÉTENTION PRÉVENTIVE

Une loi qui est passée presque inaperçue dans cette dernière période législative, et qui cependant mérite d'attirer l'attention, est celle que le Parlement français a votée le 15 novembre 1892 sur l'imputation de la détention préventive.

Cette loi constitue un véritable progrès sur le droit antérieur. Mais, avant d'en faire connaître les avantages pratiques, il est nécessaire d'en examiner rapidement les dispositions.

A un point de vue général, la réforme réalisée permet aux tribunaux d'imputer sur le montant de la peine prononcée la durée de l'emprisonnement préventif.

Il convient de préciser dans quelles conditions pourra s'opérer cette imputation.

Le législateur français n'a pas suivi l'exemple du législateur belge, qui déclare l'imputation obligatoire dans tous les cas. Ce n'est pas sans raison, croyons-nous, qu'il n'est pas entré dans cette voie. Ce système, en effet, n'est pas à l'abri de tout danger.

On peut craindre que le prévenu ne prolonge volontairement par des subterfuges et des révélations mensongères la durée d'une détention préventive,

qui est incontestablement plus tolérable que la détention pénale, dans le but de voir celle-ci abrégée
d'autant. Un pareil calcul devait être déjoué.

Un autre système consiste à laisser plein pouvoir
au juge pour prononcer ou non l'imputation. Ce
système présente certainement un avantage sur le
précédent, mais une objection grave s'opposait à son
adoption. Le législateur français crut devoir refuser
cette autorité aux magistrats, craignant qu'ils ne
fussent trop souvent portés à écarter l'imputation ;
ce qui eût presque réduit à néant le bénéfice de la
réforme projetée.

Un système intermédiaire fut proposé : celui de
l'imputation s'opérant de plein droit dans tous les
cas où les tribunaux n'en auraient autrement décidé. Ce système fut adopté. L'imputation est la
règle ; la non-imputation est l'exception. Toutes les
fois que les tribunaux garderont le silence au sujet
de la déduction de la détention préventive, l'imputation aura lieu de plein droit. Pour qu'elle n'ait
pas lieu, il faudra que les tribunaux l'aient expressément déclaré.

Ainsi, la loi, dans sa sagesse, a voulu qu'en principe la durée de la détention préventive fût déduite
de la peine prononcée. Mais, comme il peut se trouver
des cas exceptionnels, où l'attitude du prévenu pendant l'instruction ou les débats ne justifie nullement cette faveur, elle donne au juge la faculté pleine
et entière de déroger en tout ou en partie à cette
règle générale par une disposition formelle et motivée. Le juge pourra donc ordonner que la durée
de la peine prononcée ne sera pas réduite par la
durée de la prison préventive ou ne le sera que pour

une partie seulement (article 24 modifié du Code Pénal).

Le principe posé, il n'est pas sans intérêt d'entrer dans les applications.

On s'était demandé, au cours de la discussion, s'il fallait considérer l'imputation comme une véritable compensation ne pouvant s'appliquer qu'aux peines d'une nature identique à la détention préventive. L'affirmative eût écarté du bénéfice de la nouvelle loi les condamnés à la réclusion et aux travaux forcés. Bien que ces individus soient pour la plupart peu dignes de mesures d'indulgence, c'est la négative qui prévalut. Partant de cette idée, que l'imputation n'avait pour but que de réparer, dans une certaine mesure, l'atteinte portée à la liberté des personnes, le législateur français a décidé que cette imputation se produira, quelle que fût la nature de la peine corporelle prononcée, à la seule condition que le tribunal n'en eût pas expressément ordonné l'exclusion.

Il faut remarquer que la nouvelle disposition ne déroge à l'ancienne qu'en ce qui concerne la période antérieure au jugement. Quant au délai qui s'écoule entre le prononcé du jugement et l'arrêt définitif, il reste sous l'empire de l'ancien texte de l'article 24. La détention subie pendant cette période s'impute donc toujours, comme par le passé, sur la durée de la peine prononcée, soit que l'appel ait été interjeté par le ministère public, soit que le condamné ait obtenu, par cette voie de recours, la réduction de sa peine. L'imputation est seulement exclue dans le cas où le condamné, ayant appelé de la décision des premiers juges, a été débouté de son appel.

On a critiqué le législateur nouveau de n'avoir pas rendu l'imputation obligatoire dans ce dernier cas, tout comme dans les deux autres précités. Nous pensons, au contraire, que ce n'est pas sans un motif sérieux qu'il a repoussé la déduction dans l'espèce d'un appel dont le résultat est défavorable au condamné. Si la détention provisoire devait être déduite de la peine dans l'hypothèse dont il s'agit, il n'est pas douteux que la perspective de cette détention moins rigoureuse pousserait le condamné, si peu intéressant qu'il fût, à interjeter les appels les plus téméraires. Ce serait consacrer un abus du droit d'appel. Les affaires ne se trancheraient jamais définitivement devant un tribunal correctionnel. De là surgiraient de nouvelles complications que le législateur nouveau a eu raison de prévenir. La disposition que l'on critique présente l'avantage incontestable de constituer comme une sanction contre les appels abusifs et mal fondés. Si, en effet, la peine prononcée par le tribunal correctionnel n'a pas été réduite par la Cour, c'est une preuve que le condamné a voulu se roidir contre la juste décision qui l'avait frappé. Or, dans ce cas, pourquoi la loi le traiterait-elle plus favorablement qu'il ne le mérite ?

D'ailleurs, cette même interprétation est donnée dans diverses circulaires adressées par plusieurs procureurs généraux à leurs substituts au sujet de l'application de la nouvelle loi. Nous ne pouvons résister au désir de transcrire un des passages les plus saillants de la remarquable circulaire de M. Naquet, le savant procureur général près la Cour d'Aix. « L'article 24, dit-il, se borne, sur ce point, à consacrer purement et simplement le système du Code pénal. Il n'en était point ainsi dans le projet de la Commission, qui établissait d'une manière générale le principe de l'imputation facultative, mais le projet fut modifié et réformé suivant la formule actuelle, à la suite d'un amendement de M. de Casabianca, faisant observer que le principe nouveau pourrait aboutir à aggraver le sort des condamnés, puisque la Cour conserverait le droit d'écarter l'imputation, même dans le cas où, d'après l'article 24, la détention comptait nécessairement dans la durée de la peine. De là, la forme un peu ambiguë du texte qui, au premier examen, pourrait laisser croire que le droit d'imputer la détention préventive existe dans tous les cas, tandis qu'il n'en est rien, et que l'imputation, obligatoire lorsque le condamné n'a pas exercé de recours ou obtenu gain de cause sur son recours, ne peut jamais être ordonnée lorsque le condamné a exercé un recours inutile. (Cfr. Rapp. Graux; Sirey, p. 429, note 3, col. 3.)

Il y a lieu d'observer, dans cet ordre d'idées, que le désistement de l'appel du condamné n'a pas pour effet de permettre l'imputation à partir du jugement; c'est seulement à compter du désistement qu'elle sera effectuée. (*Sic:* Cass., 22 novembre 1855 : D. P. 56.1.44.)

Ce qui vient d'être dit de l'appel est exactement applicable au pourvoi en cassation. Ce pourvoi a-t-il été effectué par le ministère public? La détention subie depuis l'arrêt, jusqu'au moment où la situation du condamné est définitivement réglée, est toujours imputée. L'a-t-il été par le condamné? La détention est ou n'est pas imputée, selon que le recours du condamné a ou n'a pas abouti.

(Cfr. Rapp. Graux : Sirey, *loc. cit.*, p. 431, col. 1.)

Cette théorie a été longuement développée dans les *Lois Nouvelles* (année 1893, n°ˢ 1 et 2) par M. Mesnard, procureur de la République à Châlons-sur-Marne ; voici comment s'exprime ce magistrat : « Si, dit-il, l'article 24 laisse aux juges toute liberté pour admettre ou rejeter, en totalité ou en partie, l'imputation de la prison préventive subie avant le jugement, il n'en est pas de même de la période de détention qui s'étend du jour du premier jugement ou arrêt rendu sur le fond de l'affaire et le moment où la condamnation devient irrévocable. Ici, c'est l'article 24 lui-même qui indique les conditions dans lesquelles la déduction de cette seconde période doit s'opérer ou ne pas s'opérer. Il en était déjà ainsi sous le régime de l'ancien article 24. L'imputation de cette seconde période n'était pas laissée à l'appréciation des magistrats, elle se faisait ou se refusait suivant les circonstances déterminées par la loi elle-même.

Dans le projet voté en première délibération par le Sénat, un pouvoir discrétionnaire était donné aux magistrats pour cette seconde période de la détention, comme pour la première. On justifiait ce système en faisant remarquer que, l'imputation de toute détention préventive étant désormais la règle, il n'y avait aucun danger à laisser aux juges le pouvoir de la rejeter, par une disposition spéciale et motivée, si, dans quelques circonstances, ils croyaient utile de le faire pour la seconde période, et alors même que l'inculpé aurait obtenu sur son recours une diminution de peine.

Mais M. de Casabianca fit observer qu'on s'expo-

sait ainsi à aggraver, dans quelques cas, assez rares
il est vrai, les conditions des condamnés détenus, et
cela dans une loi qui avait pour but d'améliorer le
sort de cette catégorie de prévenus.

Cette considération a suffi pour que la commission
sénatoriale modifiât son texte, de manière à ce que
la deuxième période de la détention fût obligatoire-
ment imputée toutes les fois que l'inculpé aurait vu
sa condamnation diminuée à la suite de son recours.

Les magistrats n'ont donc aucun pouvoir d'appréciation pour rejeter ou admettre la déduction de
cette deuxième partie de la détention préventive, et
toute décision qu'ils prendraient à cet égard serait
nulle, si elle contredisait le système établi par l'article 24, et inutile, si elle ne faisait que s'y con-
former.

En dehors de la raison qui a motivé l'amendement
de M. de Casabianca et son adoption par les commis-
saires du Sénat, on peut justifier cette théorie en
disant que le législateur ne devait pas accorder le
pouvoir discrétionnaire au juge pour la seconde période de la détention préventive, parce qu'il a cru
devoir la régir lui-même, suivant l'acceptation, par
le condamné, des décisions de justice et le succès
(c'est-à-dire le bien fondé) du recours exercé par
lui.

Cependant, cette doctrine a été vivement combat-
tue par M. Vidal. Dans sa récente et très remarquable
brochure, qui forme un commentaire très complet
de la loi du 15 novembre 1892, il émet un système
tout à fait ingénieux en se fondant sur les travaux
préparatoires, le texte et l'esprit de l'article 24. Le
savant professeur de Toulouse s'exprime ainsi : « La

disposition nouvelle de l'art. 24 ne fait plus de distinction entre les peines criminelles et l'emprisonnement ; la règle est la même, quelle que soit la peine prononcée. Mais il reproduit la distinction ancienne entre le silence du condamné ou ses recours suivis de succès, et au contraire ses attaques repoussées par les juridictions supérieures ; dans le premier cas, l'imputation de détention pendant cette seconde période lui est acquise : elle est légale et obligatoire ; en cas d'insuccès, au contraire, on retombe dans la règle précédente : l'imputation est bien légale, mais non obligatoire, et les juges peuvent, par une disposition spéciale et motivée, rejeter l'imputation ou en réduire l'étendue. Ainsi, la règle générale de l'imputation facultative pour les juges persiste aux conditions précédentes. Mais une exception favorable, qui met l'imputation hors des atteintes des juges, lui est acquise dans les deux cas suivants : 1° si le condamné n'a point exercé de recours contre le jugement ou l'arrêt ; 2° si, ayant exercé un recours, sa peine a été réduite sur son appel ou à la suite de son pourvoi. »

Toutefois, en dehors des difficultés d'interprétation auxquelles donne lieu le laconisme de la nouvelle loi relativement à l'art. 24, cette loi est une des plus simples et des moins compliquées de la dernière législature. Elle ne soulève aucune controverse grave. Il ne serait pas, cependant, superflu d'examiner quelques autres cas, qui peuvent se présenter dans son application.

Ainsi, si le condamné renonce au recours qu'il a formé, avant qu'il soit statué sur ce recours, qu'arrivera-t-il ? Le condamné doit-il être considéré

comme ayant succombé, ou bien comme s'il n'avait
pas attaqué la condamnation? M. Blanche, nᵒˢ 129
et 130, deuxième édition, soutient qu'en cas de
désistement la faveur de l'article 24 n'est pas applicable; mais la Cour de cassation avait établi à ce
sujet un système un peu arbitraire, par ses arrêts
des 2 juillet 1852 et 26 mai 1853. Elle décidait
qu'en cas d'appel le désistement serait considéré
comme non avennu, et qu'au contraire il serait considéré comme valable, s'il s'agissait d'un pourvoi ;
elle partait de cette idée que le délai de trois jours
accordé pour le pourvoi était insuffisant pour permettre au condamné d'en peser la portée et les
conséquences. Mais cette jurisprudence, consacrée
dans l'interprétation de l'ancien article 24, sera-
t-elle maintenue quant à l'application de la nouvelle loi? Voilà un point que le législateur aurait dû
prévoir. Nous croyons, quant à nous, que, l'appel
pouvant être, dans certains cas, un moyen employé
par le condamné pour prolonger la détention, il n'y
a pas lieu d'imputer sur la peine prononcée la détention courue depuis la condamnation.

Cette loi est également muette sur l'opposition :
cette question avait été directement résolue sous
l'ancien article 24. La Cour d'Orléans et certains
auteurs ont décidé que l'opposition serait assimilée
à l'appel ; mais la Cour de cassation a rendu, le
13 décembre 1888, un arrêt en sens contraire.
D'après la nouvelle loi, la détention préventive s'impute sur la peine depuis le jour même de l'arrestation, mais la faveur établie par le deuxième alinéa
du nouvel article 24 n'est pas applicable en ce cas et
laisse l'opposition sous l'empire de la règle générale.

Quant aux peines prononcées par les tribunaux militaires ou maritimes, les dispositions nouvelles ne leur sont point applicables, ces peines spéciales étant édictées par le Code de justice militaire et le Code maritime.

Enfin, le législateur a été amené, au cours de la discussion, à retoucher l'ancien article 23. En effet, ce texte était incomplet : « la durée des peines temporaires, y était-il dit, comptera du jour où la condamnation sera devenue irrévocable, » et omettait deux cas auxquels l'article 23 restait sans application, celui où le condamné serait en liberté au moment de la condamnation, et celui où il serait déjà incarcéré pour subir une peine antérieure. Ces deux hypothèses sont prévues par le texte modifié.

Tels sont, en substance, les points saillants de la réforme importante qui vient d'être introduite dans la législation criminelle.

Comme toutes les innovations, même les meilleures, cette réforme a reçu des critiques, qui ne manquent pas, parfois, d'une certaine justesse. Tout compte fait de ses avantages et de ses inconvénients, nous croyons cependant que la somme des avantages l'emporte de beaucoup sur les inconvénients de minime importance qu'elle peut présenter.

Au point de vue social et humain, la loi du 15 novembre 1892 constitue un véritable adoucissement de la législation un peu rigoureuse de 1832. Le législateur nouveau se repose sur le magistrat de l'application saine et prudente de cette loi. Comme la loi Bérenger, la loi sur l'imputation de la prison préventive exige chez le juge un examen sérieux des circonstances de la cause. La loi laisse entre ses

mains le pouvoir discrétionnaire de déclarer la détention préventive non imputable sur la peine
prononcée. Cette libre faculté lui permettra de dé-
jouer les calculs intéressés des vagabonds ou gens
sans aveu, qui ne chercheraient dans la nouvelle
réforme qu'un moyen de prolonger les douceurs
relatives de la détention préventive.

Il est certain qu'un mauvais usage de cette faculté
arriverait à transformer, en réalité, la peine de
l'emprisonnement en simple état de détention. Mais
il est permis d'espérer que le magistrat français
saura, dans ses décisions, après avoir attentivement
examiné les circonstances de chaque espèce, se con-
former à l'exigence des cas.

La réforme récente offre un avantage évident, en
limitant, dans une certaine mesure, le nombre des
acquittements dus à la trop grande faiblesse du jury.
Avant la loi du 15 novembre 1892, les jurés, esti-
mant, dans beaucoup de cas qui leur étaient soumis,
que la détention préventive constituait une expiation suffisante et qu'un emprisonnement supplémentaire était de nature à démoraliser le prévenu au lieu
de l'amender, déclaraient celui-ci non coupable,
souvent nonobstant ses aveux formels, au préjudice
de la justice et de la vérité.

Aujourd'hui que la loi laisse au juré la faculté
de tenir compte au condamné de la durée de la détention préventive dans l'application de la peine prononcée, ces acquittements injustifiés seront moins
fréquents.

Toutefois, il eût été plus sage de laisser au jury
la faculté de rejeter l'imputation de la détention préventive. Car le jury, ne connaissant pas, au moment

de rendre son verdict, les intentions des magistrats relativement à l'imputation de la prison préventive et craignant leur sévérité à l'égard du prévenu, diminuera peut-être, dans une certaine mesure, les avantages de la loi nouvelle en prévenant cette sévérité par des acquittements.

Quoi qu'il en soit, c'est déjà un bienfait pour la société que cette loi diminue le nombre des acquittements arrachés à la complaisance du jury.

Le Code pénal Italien, article 40, va plus loin que le législateur français dans la voie de l'imputation de la détention préventive. Il admet cette imputation même dans les peines simplement pécuniaires; et, pour arriver à son but, il évalue comparativement à une somme d'argent les jours de détention.

Il est regrettable que le législateur français n'ait pas suivi le même exemple. S'il est juste de déduire la durée de la détention préventive de la durée de la peine prononcée, il est encore plus équitable d'accorder une compensation à celui qui, après avoir passé de longs mois dans la prison, en est quitte pour une simple condamnation pécuniaire. C'est un cas exceptionnel, il est vrai, mais il suffit que ce cas puisse se présenter dans la pratique pour que la loi dût le prévoir.

Malgré ces quelques oublis, la réforme du 15 novembre 1892 a été très favorablement accueillie par l'opinion publique. Tous ceux qui s'intéressent aux questions pénitenciaires — si simples en théorie, si compliquées et si délicates en pratique — ne peuvent qu'applaudir à cette importante modification apportée au Code déjà bien vieilli de 1810.

TITRE VI

TEXTE DES LOIS

I

LOI DU 5 JUIN 1875

SUR LE RÉGIME DES PRISONS DÉPARTEMENTALES

Du régime des inculpés, prévenus et accusés.

ARTICLE PREMIER.

Les inculpés, prévenus et accusés seront à l'avenir individuellement séparés pendant le jour et la nuit.

Du régime des condamnés à l'emprisonnement.

ARTICLE 2.

Seront soumis à l'emprisonnement individuel les condamnés à un emprisonnement d'un an et un jour et au-dessous.

Ils subiront leur peine dans les maisons de correction départementales.

ARTICLE 3.

Les condamnés à un emprisonnement de plus d'un an et un jour pourront, sur leur demande, être soumis au régime de l'emprisonnement individuel.

Ils seront, dans ce cas, maintenus dans les maisons de correction départementales jusqu'à l'expiration de

leur peine, sauf décision contraire prise par l'administration, sur l'avis de la commission de surveillance de
la prison.

ARTICLE 4.

La durée des peines subies sous le régime de l'emprisonnement individuel sera, de plein droit, réduite d'un
quart.

La réduction ne s'opérera pas sur les peines de trois
mois et au-dessous.

Elle ne profitera, dans le cas prévu par l'article 3,
qu'aux condamnés ayant passé trois mois consécutifs
dans l'isolement, et dans la proportion de temps qu'ils
y auront passé.

ARTICLE 5.

Un règlement d'administration publique fixera les
conditions d'organisation du travail et déterminera le
régime intérieur des maisons consacrées à l'application
de l'emprisonnement individuel.

ARTICLE 6.

A l'avenir, la reconstitution ou l'appropriation des
prisons départementales ne pourra avoir lieu qu'en vue
de l'application du régime prescrit par la présente loi.

Les projets, plans et devis seront soumis à l'appro-
bation du ministre de l'Intérieur, et les travaux seront
exécutés sous son contrôle.

ARTICLE 7.

Des subventions pourront être accordées par l'État,
suivant les ressources du budget, pour venir en aide
aux départements dans les dépenses de reconstruction
et d'appropriation.

Il sera tenu compte, dans leur fixation, de l'étendue
des sacrifices précédemment faits par eux pour leurs

prisons, de la situation de leurs finances et du produit du centime départemental.

Elles ne pourront, en aucun cas, dépasser : la moitié de la dépense, pour les départements dont le centime est inférieur à vingt mille francs (20.000 fr.) ; — le tiers, pour ceux dont le centime est supérieur à vingt mille francs (20.000 fr.), mais inférieur à quarante mille francs (40.000 fr.) ; — le quart, pour ceux dont le centime est supérieur à quarante mille francs (40.000 fr.).

ARTICLE 8.

Le nouveau régime pénitentiaire sera appliqué au fur et à mesure de la transformation des prisons.

ARTICLE 9.

Un Conseil supérieur des prisons, pris parmi les hommes s'étant notoirement occupés des questions pénitentiaires, est institué auprès du ministre de l'Intérieur pour veiller, d'accord avec lui, à l'exécution de la présente loi.

Sa composition et ses attributions seront réglées par un décret du Président de la République.

Travaux préparatoires. — Enquête parlementaire sur le régime des établissements pénitentiaires. Rapport de M. d'Haussonville, le 13 mars 1873. (*Journ. off.* des 21, 22, 23, 24, 25, 26, 27 août 1873.)

Projet de loi sur le régime des prisons départementales présenté par la commission : rapport par M. Béranger (de la Drôme) le 18 mars 1874. (*Journ. off.* des 27 et 28 août 1874.)

Première délibération le 13 juillet 1874. (*Journ. off.* du 14 juillet.) Deuxième délibération les 14 décembre 1874, 7 janvier, 19 et 20 mai 1875. (*Journ. off.* des 15 décembre 1874, 8 janvier, 20 et 21 mai 1875.) Troisième délibération les 2, 3, 4 et 5 juin 1875 ; adoption, par 470 voix contre 117. (*Journ. off.* des 3, 4, 5 et 6 juin 1875.)

II

LOI DU 27 MAI 1885

SUR LES RÉCIDIVISTES

ARTICLE PREMIER

La relégation consistera dans l'internement perpétuel sur le territoire de colonies ou possessions françaises des condamnés que la présente loi a pour objet d'éloigner de France.

Seront déterminés, par décrets rendus en forme de règlements d'administration publique, les lieux dans lesquels pourra s'effectuer la relégation, les mesures d'ordre et de surveillance auxquelles les relégués pourront être soumis par nécessité de sécurité publique, et les conditions dans lesquelles il sera pourvu à leur subsistance, avec obligation du travail à défaut de moyens d'existence dûment constatés.

ARTICLE 2.

La relégation ne sera prononcée que par les cours et tribunaux ordinaires comme conséquence des condamnations encourues devant eux, à l'exclusion de toutes juridictions spéciales et exceptionnelles.

Ces cours et tribunaux pourront toutefois tenir compte des condamnations prononcées par les tribunaux militaires et maritimes en dehors de l'état de siège ou de guerre pour les crimes ou délits de droit commun spécifiés à la présente loi.

ARTICLE 3.

Les condamnations pour crimes ou délits politiques ou pour crimes ou délits qui leur sont connexes ne seront, en aucun cas, comptées pour la relégation.

ARTICLE 4.

Seront relégués les récidivistes qui, dans quelque ordre que ce soit, et dans un intervalle de dix ans, non compris la durée de toute peine subie, auront encouru les condamnations énumérées à l'un des paragraphes suivants :

1° Deux condamnations aux travaux forcés ou à la réclusion, sans qu'il soit dérogé aux dispositions des paragraphes 1 et 2 de l'article 6 de la loi du 30 mai 1854 ;

2° Une des condamnations énoncées au paragraphe précédent et deux condamnations soit à l'emprisonnement pour faits qualifiés crimes, soit à plus de trois mois d'emprisonnement pour :

Vols ;

Escroquerie ;

Abus de confiance ;

Outrage public à la pudeur ;

Excitation habituelle des mineurs à la débauche ;

Vagabondage ou mendicité, par application des articles 277 et 279 du Code pénal ;

3° Quatre condamnations, soit à l'emprisonnement pour faits qualifiés crimes, soit à plus de trois mois d'emprisonnement pour les délits spécifiés au paragraphe 2 ci-dessus ;

4° Sept condamnations, dont deux au moins prévues par les deux paragraphes précédents, et les autres, soit pour vagabondage, soit pour infraction à l'interdiction de résidence signifiée par application de l'article 19 de la présente loi, à la condition que deux des ces autres condamnations soient à plus de trois mois d'emprisonnement.

Sont considérés comme gens sans aveu et seront punis des peines édictées contre le vagabondage tous individus qui, soit qu'ils aient ou non un domicile certain, ne tirent habituellement leur subsistance que du fait de pratiquer ou faciliter sur la voie publique l'exercice de jeux illicites, ou la prostitution d'autrui sur la voie publique.

ARTICLE 5.

Les condamnations qui auront fait l'objet de grâce, commutation ou réduction de peine seront néanmoins comptées en vue de la relégation. Ne le seront pas celles qui auront été effacées par la réhabilitation.

ARTICLE 6.

La relégation n'est pas applicable aux individus qui seront âgés de plus de soixante ans ou de moins de vingt et un ans à l'expiration de leur peine.

Toutefois, les condamnations encourues par le mineur de vingt et un ans compteront en vue de la relégation, s'il est, après avoir atteint cet âge, de nouveau condamné dans les conditions prévues par la présente loi.

ARTICLE 7.

Les condamnés qui auront encouru la relégation resteront soumis à toutes les obligations qui pourraient leur incomber en vertu des lois sur le recrutement de l'armée.

Un règlement d'administration publique déterminera dans quelles conditions ils accompliront ces obligations.

ARTICLE 8.

Celui qui aurait encouru la relégation par application de l'article 4 de la présente loi, s'il n'avait pas dépassé soixante ans, sera, après l'expiration de sa peine, soumis à perpétuité à l'interdiction de séjour édictée par l'article 19 ci-après.

S'il est mineur de vingt et un ans, il sera, après l'expiration de sa peine, retenu dans une maison de correction jusqu'à sa majorité.

ARTICLE 9.

Les condamnations encourues antérieurement à la promulgation de la présente loi seront comptées en vue de la relégation, conformément aux précédentes dispositions. Néanmoins, tout individu qui aura encouru avant cette époque des condamnations pouvant entraîner dès maintenant la relégation n'y sera soumis qu'en cas de condamnation nouvelle dans les conditions ci-dessus prescrites.

ARTICLE 10.

Le jugement ou l'arrêt prononcera la relégation en même temps que la peine principale; il visera expressément les condamnations antérieures par suite desquelles elle sera applicable.

ARTICLE 11.

Lorsqu'une poursuite devant un tribunal correctionnel sera de nature à entraîner l'application de la relégation, il ne pourra jamais être procédé dans les formes édictées par la loi du 20 mai 1863 sur les flagrants délits.

Un défenseur sera nommé d'office au prévenu, à peine de nullité.

ARTICLE 12.

La relégation ne sera appliquée qu'à l'expiration de la dernière peine à subir par le condamné. Toutefois, faculté est laissée au Gouvernement de devancer cette époque pour opérer le transfèrement du relégué.

Il pourra également lui faire subir tout ou partie de la dernière peine dans un pénitencier.

Ces pénitenciers pourront servir de dépôt pour les libérés, qui y seront maintenus jusqu'au plus prochain départ pour le lieu de relégation.

ARTICLE 13.

Le relégué pourra momentanément sortir du territoire de relégation en vertu d'une autorisation spéciale de l'autorité supérieure locale.

Le ministre seul pourra donner cette autorisation pour plus de six mois, ou la réitérer.

Il pourra seul aussi autoriser, à titre exceptionnel et pour six mois au plus, le relégué à rentrer en France.

ARTICLE 14.

Le relégué qui, à partir de l'expiration de sa peine, se sera rendu coupable d'évasion, celui qui, sans autorisation, sera rentré en France ou aura quitté le territoire de la relégation, celui qui aura outrepassé le temps fixé par l'autorisation, sera traduit devant le tribunal correctionnel du lieu de son arrestation ou devant celui du lieu de relégation, et, après reconnaissance de son identité, sera puni d'un emprisonnement de deux ans au plus.

En cas de récidive, cette peine pourra être portée à cinq ans.

Elle sera subie sur le territoire des lieux de relégation.

ARTICLE 15.

En cas de grâce, le condamné à la relégation ne pourra en être dispensé que par une disposition spéciale des lettres de grâce.

Cette dispense par voie de grâce pourra d'ailleurs intervenir après l'expiration de la peine principale.

ARTICLE 16.

Le relégué pourra, à partir de la sixième année de sa libération, introduire, devant le tribunal de la localité, une demande tendant à se faire relever de la relégation, en justifiant de sa bonne conduite, des services rendus à la colonisation et de moyens d'existence.

Les formes et conditions de cette demande seront déterminées par le règlement d'administration publique prévu par l'article 18 ci-après.

ARTICLE 17.

Le Gouvernement pourra accorder aux relégués l'exercice, sur les territoires de relégation, de tout ou partie des droits civils dont ils auraient été privés par l'effet des condamnations encourues.

ARTICLE 18.

Des règlements d'administration publique détermineront : les conditions dans lesquelles les relégués accompliront les obligations militaires auxquelles ils pourraient être soumis par les lois sur le recrutement de l'armée ; l'organisation des pénitenciers mentionnés en l'article 12 ; les conditions dans lesquelles le condamné pourra être dispensé provisoirement ou définitivement de la relégation pour cause d'infirmité ou de maladie ; les mesures d'aide et d'assistance en faveur des relégués ou de leur famille ; les conditions auxquelles des concessions de terrains provisoires ou définitives pourront leur être accordées, les avances à faire, s'il y a lieu, pour premier établissement, le mode de remboursement de ces avances, l'étendue des droits de l'époux survivant, des héritiers ou des tiers intéressés sur les terrains concédés, et les facilités qui pourraient être données à la famille des relégués pour les rejoindre ; les conditions des engagements de travail à exiger des relégués ; le régime et la discipline des établissements ou chantiers où ceux qui n'auraient ni moyens d'existence ni engagement seront astreints au travail ; et en général toutes les mesures nécessaires à assurer l'exécution de la présente loi.

11

Le premier règlement destiné à organiser l'application de la présente loi sera promulgué dans un délai de six mois au plus à dater de sa promulgation.

ARTICLE 19.

Est abrogée la loi du 9 juillet 1852, concernant l'interdiction, par voie administrative, du séjour du département de la Seine et des communes formant l'agglomération lyonnaise.

La peine de la surveillance de la haute police est supprimée. Elle est remplacée par la défense faite au condamné de paraître dans les lieux dont l'interdiction lui sera signifiée par le Gouvernement avant sa libération.

Toutes les autres obligations et formalités imposées par l'article 44 du Code pénal sont supprimées à partir de la promulgation de la présente loi, sans qu'il soit toutefois dérogé aux dispositions de l'article 635 du Code d'instruction criminelle.

Restent en conséquence applicables pour cette interdiction les dispositions antérieures qui réglaient l'application ou la durée, ainsi que la remise ou la suppression de la surveillance de la haute police et les peines encourues par les contrevenants, conformément à l'article 35 du Code pénal.

Dans les trois mois qui suivront la promulgation de la présente loi, le Gouvernement signifiera aux condamnés actuellement soumis à la surveillance de la haute police les lieux dans lesquels il leur sera interdit de paraître pendant le temps qui restait à courir de cette peine.

ARTICLE 20.

La présente loi est applicable à l'Algérie et aux colonies.

En Algérie, par dérogation à l'article 2, les conseils

de guerre prononceront la relégation contre les indi-gènes des territoires de commandement qui auront encouru, pour crimes ou délits de droit commun, les condamnations prévues par l'article 4 ci-dessus.

ARTICLE 21.

La présente loi sera exécutoire à partir de la promulgation du règlement d'administration publique mentionné au dernier paragraphe de l'article 18.

ARTICLE 22.

Un rapport sur l'exécution de la présente loi sera présenté chaque année, par le ministre compétent, à M. le Président de la République.

ARTICLE 23.

Toutes les dispositions antérieures sont abrogées en ce qu'elles ont de contraire à la présente loi.

Travaux préparatoires. — Proposition de M. Jullien et plusieurs de ses collègues contre les récidivistes, le 1er décembre 1881. (*Journ. off.*, Chambre, Annexes, p. 1860.)
Proposition de loi de MM. Waldeck-Rousseau et Martin-Feuillée, présentée le 16 février 1882. (*Journ. off.*, Chambre, Annexes, p. 312.) — Proposition déposée par M. Thomson, le 16 février 1882. (*Journ. off.*, Chambre, Annexes, p. 313.) — Rapport de M. Waldeck-Rousseau, le 11 novembre 1882. (*Journ. off.*, Chambre, Annexes, p. 78.) — Rapport supplémentaire de M. Gerville-Réache, le 17 mars 1883. (*Journ. off.*, Chambre, Annexes, p. 494.) — Proposition de M. Gatineau, le 12 mai 1883. (*Journ. off.*, Chambre, Annexes, p. 619.) — Première délibération, les 21, 26, 28, 30, avril, 1er, 7, 8 mai 1883. (*Journ. off.*, Chambre, Séances, pp. 24,112,133, 19,159,178,214,225.) — Deuxième délibération les 21,23,25, 26,28,29 juin 1883. (*Journ. off.*, Chambre, Séances, pp. 806, 858,869,894,915,940.)
Transmission au Sénat, le 2 juillet 1884. (*Journ. off.*, Sénat, Annexes, p. 203.) — Rapport de M. de Verninac, le 29 juillet 1884. (*Journ. off.*, Sénat, Annexes, p. 203.) —Dépôt

par M. Merlin d'un avis de la commission des finances, le 18 octobre 1884. (*Journ. off.*, Sénat, Annexes, p. 23.) — Première délibération, les 18, 21, 23 octobre 1884; adoption le 25 octobre. (*Journ. off.*, pp. 14, 54, 59, 77, 95.) — Deuxième délibération et ajournement du projet, les 6 et 13 novembre 1884. (*Journ. off.*, Sénat, Séances, pp. 173 et 242). — Nouveau rapport de M. de Verninac, 15 décembre 1884. (*Journ. off.*, Sénat, Annexes. p. 174.) — Contre-projet Bérenger, déposé le 5 février 1885. (*Journ. off.*, Sénat, Annexes, p. 29.) — Discussion, les 7, 9, 10, 12, 13 février 1885. (*Journ. off.*, Sénat, Séances, pp. 67, 87, 110, 134, 157.)

Retour à la Chambre du projet amendé par le Sénat, le 15 février 1885. Rapport supplémentaire de M. Gerville-Réache, le 28 mars 1885. (*Journ. off.*, Chambre, Annexes, p. 79.) — Discussion les 9 et 11 mai 1885. (*Journ. off.*, Chambre, Séances, pp. 765, 779.) — Adoption le 12 mai 1885.

III

LOI DU 14 AOUT 1885

SUR LES MOYENS DE PRÉVENIR LA RÉCIDIVE

Libération conditionnelle, patronage, réhabilitation.

TITRE PREMIER

Régime disciplinaire des établissements pénitentiaires et libération conditionnelle.

ARTICLE PREMIER.

Un régime disciplinaire, basé sur la constatation journalière de la conduite et du travail, sera institué dans les divers établissements pénitentiaires de France et d'Algérie, en vue de favoriser l'amendement des condamnés et de les préparer à la libération conditionnelle.

ARTICLE 2.

Tous condamnés ayant à subir une ou plusieurs peines emportant privation de la liberté peuvent, après avoir accompli trois mois d'emprisonnement, si les peines sont inférieures à six mois, ou, dans le cas contraire, la moitié de leurs peines, être mis conditionnellement en liberté, s'ils ont satisfait aux dispositions réglementaires fixées en vertu de l'article 1er.

Toutefois, s'il y a récidive légale, soit aux termes des articles 56 à 58 du Code pénal, soit en vertu de la loi du 27 mai 1885, la durée de l'emprisonnement est portée à six mois, si les peines sont inférieures à neuf mois, et aux deux tiers de la peine dans le cas contraire.

La mise en liberté peut être révoquée en cas d'inconduite habituelle et publique dûment constatée, ou d'infraction aux conditions spéciales exprimées dans le permis de libération.

Si la révocation n'est pas intervenue avant l'expiration de la durée de la peine, la libération est définitive.

Au cas où la peine qui aurait fait l'objet d'une décision de libération conditionnelle devrait être suivie de la relégation, il pourra être sursis à l'exécution de cette dernière mesure, et le condamné sera, en conséquence, laissé en France, sauf droit de révocation, ainsi qu'il est dit au présent article.

Le droit de révocation prendra fin, en ce cas, s'il n'en a été fait usage pendant les dix années qui auront suivi la date d'expiration de la peine principale.

ARTICLE 3.

Les arrêtés de mise en liberté sous condition et de révocation sont pris par le ministre de l'Intérieur :

S'il s'agit de la mise en liberté, après avis du préfet, du directeur de l'établissement ou de la circonscription pénitentiaire, de la commission de surveillance de la prison et du parquet près le tribunal ou la cour qui a prononcé la condamnation ;

Et s'il s'agit de la révocation, après avis du préfet et du procureur de la République de la résidence du libéré.

ARTICLE 4.

L'arrestation du libéré conditionnel peut toutefois être provisoirement ordonnée par l'autorité administrative ou judiciaire du lieu où il se trouve, à la charge d'en donner immédiatement avis au ministre de l'Intérieur.

Le ministre prononce la révocation, s'il y a lieu.

L'effet de la révocation remonte au jour de l'arrestation.

ARTICLE 5.

La réintégration a lieu pour toute la durée de la peine non subie au moment de la libération.

Si l'arrestation provisoire est maintenue, le temps de sa durée compte pour l'exécution de la peine.

ARTICLE 6.

Un règlement d'administration publique déterminera la forme des permis de libération, les conditions auxquelles ils peuvent être soumis et le mode de surveillance spéciale des libérés conditionnels.

L'Administration peut charger les sociétés ou institutions de patronage de veiller sur la conduite des libérés qu'elle désigne spécialement et dans les conditions qu'elle détermine.

TITRE II

Patronage.

ARTICLE 7.

Les sociétés ou institutions agréées par l'Administra-

tion pour le patronage des libérés reçoivent une sub-
vention annuelle en rapport avec le nombre des libérés
réellement patronnés par elles, dans les limites du crédit spécial inscrit dans la loi de finances.

ARTICLE 8.

Dans le cas du paragraphe 2 de l'article 6, l'Administration alloue à la société ou institution de patronage
une somme de 50 centimes par jour pour chaque libéré,
pendant un temps égal à celui de la durée de la peine
restant à courir, sans que cette allocation puisse dépasser 100 francs.

Disposition transitoire.

ARTICLE 9.

Avant qu'il ait pu être pourvu à l'exécution des articles 1, 2 et 6, en ce qui touche la mise en pratique
du régime d'amendement et le règlement d'administration publique à intervenir, la libération conditionnelle
pourra être prononcée à l'égard des condamnés qui en
auront été reconnus dignes dans les cas prévus par la
présente loi, trois mois au plus tôt après sa promulgation.

TITRE III

Réhabilitation.

ARTICLE 10.

Les articles 630, 631 et 632 du Code d'instruction
criminelle sont supprimés.

Les articles 621, 623, 624, 628, 629, 633 et 634 du
même Code sont modifiés ainsi qu'il suit :

« Art. 621. — Le condamné à une peine afflictive ou
infamante ne peut être admis à demander sa réhabilita-

tion s'il n'a résidé dans le même arrondissement depuis cinq années, et pendant les deux dernières dans la même commune.

« Le condamné à une peine correctionnelle ne peut être admis à demander sa réhabilitation s'il n'a résidé dans le même arrondissement depuis trois années, et pendant les deux dernières dans la même commune.

« Les condamnés qui ont passé tout ou partie de ce temps sous les drapeaux, ceux que leur profession oblige à des déplacements inconciliables avec une résidence fixe pourront être affranchis de cette condition s'ils justifient : les premiers : d'attestations satisfaisantes de leurs chefs militaires ; les seconds, de certificats de leurs patrons ou chefs d'administration constatant leur bonne conduite.

« Ces attestations et certificats sont délivrés dans les conditions de l'article 624.

« Art. 623. — Il doit, sauf le cas de prescription, justifier du payement des frais de justice, de l'amende et des dommages et intérêts, ou de la remise qui lui en a été faite.

« A défaut de cette justification, il doit établir qu'il a subi le temps de contrainte par corps déterminé par la loi, ou que la partie lésée a renoncé à ce moyen d'exécution.

« S'il est condamné pour banqueroute frauduleuse, il doit justifier du payement du passif de la faillite en capital, intérêts et frais, ou de la remise qui lui en a été faite.

« Néanmoins, si le demandeur justifie qu'il est hors d'état de se libérer des frais de justice, la cour peut accorder la réhabilitation même dans le cas où ces frais n'auraient pas été payés ou ne l'auraient été qu'en partie.

« En cas de condamnation solidaire, la cour fixe la

part des frais de justice, des dommages et intérêts ou du passif qui doit être payé par le demandeur.

« Si la partie lésée ne peut être retrouvée, ou si elle refuse de recevoir, il est fait dépôt de la somme due à la Caisse des dépôts et consignations, dans la forme des articles 812 et suivants du Code de procédure civile; si la partie ne se présente pas dans un délai de cinq ans, pour se faire attribuer la somme consignée, cette somme est restituée au déposant sur sa simple demande.

« Art. 624. — Le procureur de la République provoque des attestations des maires des communes où le condamné a résidé, faisant connaître :

« 1º La durée de sa résidence dans chaque commune, avec indication du jour où elle a commencé et de celui où elle a fini ;

« 2º Sa conduite pendant la durée de son séjour ;

« 3º Ses moyens d'existence pendant ce même temps.

« Ces attestations doivent contenir la mention expresse qu'elles ont été rédigées pour servir à l'appréciation de la demande en réhabilitation.

« Le procureur de la République prend, en outre, l'avis des juges de paix des cantons et celui des sous-préfets des arrondissements où le condamné a résidé.

« Art. 628. — La Cour, le procureur général et la partie ou son conseil entendus, statue sur la demande.

« Art. 629. — En cas de rejet, une nouvelle demande ne peut être formée avant l'expiration d'un délai de deux années.

« Art. 633. — Si la réhabilitation est prononcée, un extrait de l'arrêt est adressé par le procureur général à la Cour ou au tribunal qui a prononcé la condamnation, pour être transcrit en marge de la minute de l'arrêt ou du jugement. Mention en est faite au casier judiciaire. Les extraits délivrés aux parties ne doivent pas relever la condamnation.

« Le réhabilité peut se faire délivrer une expédition de la réhabilitation et un extrait du casier judiciaire sans frais.

« Art. 634. — La réhabilitation efface la condamnation et fait cesser pour l'avenir toutes les incapacités qui en résultaient.

« Les interdictions prononcées par l'article 612 du Code de commerce sont maintenues, nonobstant la réhabilitation obtenue en vertu des dispositions qui précèdent.

« Les individus qui sont en état de récidive légale, ceux qui, après avoir obtenu la réhabilitation, auront encouru une nouvelle condamnation, ne seront admis au bénéfice des dispositions qui précèdent qu'après un délai de dix années écoulées depuis leur libération.

« Néanmoins, les récidivistes qui n'auront subi aucune peine afflictive ou infamante et les réhabilités qui n'auront encouru qu'une condamnation à une peine correctionnelle seront admis au bénéfice des dispositions qui précèdent, après un délai de six années écoulées depuis leur libération.

ARTICLE 11.

La présente loi est applicable [aux colonies, sous réserve des dispositions des lois ou règlements spéciaux relatifs à l'exécution de la peine des travaux forcés.

ARTICLE 12.

Un rapport sur l'exécution de la présente loi, en ce qui touche la libération conditionnelle, sera présenté chaque année par le ministre de l'Intérieur à M. le Président de la République.

Travaux préparatoires. — Proposition Bérenger, présentée au Sénat le 27 décembre 1882. (*Journ. off.*, Sénat, Annexes, p. 251.) —Rapport sommaire de M. Leguen, le 19 mars 1883. (*Journ. off.*, Sénat, Annexes, p. 559.) — Prise en considération, le 21 août 1883. (*Journ. off.*, Sénat, Séances, p. 3.) — Rapport de M. Bérenger, le 22 décembre 1883. (*Journ. off.*, Sénat, Annexes, p. 1187.) — Rapport supplémentaire, le 13 mars 1884. (*Journ. off.*, Sénat, Annexes, p. 195.) — 1re délibération, le 22 mars 1884. (*Journ. off.*, Sénat, Séances, p. 761.) — 2e délibération et adoption, le 1er avril 1884. (*Journ. off.*, Sénat, Séances, p. 980.)

Transmission à la Chambre, le 20 mai 1884. (*Journ. off.*, Chambre, Annexes, p. 731.) — Rapport de M. Gomot, le 18 novembre 1884. (*Journ. off.*, Chambre, Annexes, p. 1106.) — Urgence déclarée, le 16 mai 1885. — Discussion et adoption, avec modifications, le 18 mai 1885. (*Journ. off.*, Chambre, Séances, p. 122.)

Retour devant le Sénat, le 23 mai 1885. — Rapport de M. Bérenger, le 4 juin 1885 *Journ. off.*, Sénat, Annexes, p. 171.) — Urgence déclarée, discussion et adoption, avec modifications, le 20 juin 1885. (*Journ. off.*, Sénat, Séances, p. 229.)

Retour devant la Chambre, le 23 juin 1885. Nouveau rapport de M. Gomot, le 29 juin 1885. (*Journ. off.*, Chambre, Annexes, p. 116.) Adoption, sans discussion, le 17 juillet 1885. (*Journ off.*, Chambre, Séances, p. 895.)

IV

LOI DU 26 MARS 1891

SUR L'ATTÉNUATION ET L'AGGRAVATION DES PEINES

ARTICLE PREMIER.

En cas de condamnation à l'emprisonnement ou à l'amende, si l'inculpé n'a pas subi de condamnation antérieure à la prison pour crime ou délit (1) de droit commun, les Cours ou tribunaux peuvent ordonner, par le même jugement et par décision motivée, qu'il sera sursis à l'exécution de la peine.

---

(1) Le texte du *Journal officiel* porte : « crime *et* délit. » C'est une faute évidente d'impression.

Si, pendant le délai de cinq ans à dater du jugement ou de l'arrêt, le condamné n'a encouru aucune poursuite suivie de condamnation à l'emprisonnement ou à une peine plus grave pour crime ou délit de droit commun, la condamnation sera comme non avenue.

Dans le cas contraire, la première peine sera d'abord exécutée sans qu'elle puisse se confondre avec la seconde.

ARTICLE 2.

La suspension de la peine ne comprend pas le payement des frais du procès et des dommages-intérêts.

Elle ne comprend pas non plus les peines accessoires et les incapacités résultant de la condamnation.

Toutefois, ces peines accessoires et ces incapacités cesseront d'avoir effet du jour où, par application des dispositions de l'article précédent, la condamnation aura été réputée non avenue.

ARTICLE 3.

Le président de la Cour ou du tribunal doit, après avoir prononcé la suspension, avertir le condamné qu'en cas de nouvelles condamnations dans les conditions de l'article 1er la première peine sera exécutée sans confusion possible avec la seconde, et que les *peines de la récidive* seront encourues dans les termes des articles 57 et 58 du Code pénal.

ARTICLE 4.

La condamnation est inscrite au casier judiciaire, mais avec la mention expresse de la suspension accordée.

Si aucune poursuite suivie de condamnation dans les termes de l'article 1er, § 2, n'est intervenue dans le délai de cinq ans, elle ne doit plus être inscrite dans les extraits délivrés aux parties.

ARTICLE 5.

Les articles 57 et 58 du Code pénal sont modifiés comme suit :

« Art. 57. — Quiconque, ayant été condamné pour crime à une peine supérieure à une année d'emprisonnement, aura, dans un délai de cinq années après l'expiration de cette peine ou sa prescription, commis un délit ou un crime qui devra être puni de la peine de l'emprisonnement, sera condamné au maximum de la peine portée par la loi, et cette peine pourra être élevée jusqu'au double.

« Défense pourra être faite, en outre, au condamné de paraître, pendant cinq ans au moins et dix ans au plus, dans les lieux dont l'interdiction lui sera signifiée par le Gouvernement avant sa libération.

« Art. 58. — Il en sera de même pour les condamnés à un emprisonnement de plus d'une année pour délit qui, dans le même délai, seraient reconnus coupables du même délit ou d'un crime devant être puni de l'emprisonnement.

« Ceux qui, ayant été antérieurement condamnés à une peine d'emprisonnement de moindre durée, commettraient le même délit dans les mêmes conditions de temps seront condamnés à une peine d'emprisonnement qui ne pourra être inférieure au double de celle précédemment prononcée, sans toutefois qu'elle puisse dépasser le double du maximum de la peine encourue.

« Les délits de vol, escroquerie et abus de confiance seront considérés comme étant, au point de vue de la récidive, un même délit.

« Il en sera de même des délits de vagabondage et de mendicité. »

ARTICLE 6.

La présente loi est applicable aux colonies où le Code

pénal métropolitain a été déclaré exécutoire en vertu de la loi du 8 janvier 1877.

Des décrets statueront sur l'application qui pourra en être faite aux autres colonies (1).

ARTICLE 7.

La présente loi n'est applicable aux condamnations prononcées par les tribunaux militaires qu'en ce qui concerne les modifications apportées par l'article 5 ci-dessus aux articles 57 et 58 du Code pénal.

Travaux préparatoires. — Proposition au Sénat, par M. Bérenger, le 26 mai 1884. (*Doc. parl.*, n° 159.) Rapport sommaire de M. Mazeau. le 19 juillet 1884 (*Doc. parl.*, n° 281 ; *Journ. off.*, p. 328.) Prise en considération, le 31 juillet 1884. Rapport de M. Bérenger, le 6 mars 1890. (*Doc. parl.*, n° 27 ; *Journ off.*, p. 67.) Discussion : séance des 23 mai, 3, 10, 20, 27 juin et 4 juillet 1890.

Dépôt à la Chambre, le 10 juillet 1890. (*Doc parl.*, n° 810 ; *Journ off.*, p. 1544.) Rapport de M. Barthout, le 6 décembre 1890. (*Doc. parl.*, n° 1067, *Journ. off.*, p. 463.) Discussion : séance du 3 mars 1891.

Retour au Sénat, le 6 mars 1891. (*Doc. parl.*, n° 31). — Rapport de M. Bérenger, le 16 mars 1891. Discussion le 19 mars 1891.

Renvoi à la Chambre, le 16 mars 1891. — Rapport de M. Barthou. Déclaration d'urgence et adoption, le 21 mars 1891.

V

LOI DU 15 NOVEMBRE 1892

RELATIVE A L'IMPUTATION DE LA DÉTENTION PRÉVENTIVE SUR LA DURÉE DES PEINES

ARTICLE PREMIER.

Les articles 23 et 24 du Code pénal sont abrogés et remplacés par les dispositions suivantes :

Art. 23 nouveau. — La durée de toute peine préven-

_____

(1) Le 24 avril 1891 a été rendu un décret portant application de la loi aux colonies.

tive de la liberté compte du jour où le condamné est détenu en vertu de la condamnation, devenue irrévocable, qui prononce la peine.

Art. 24 nouveau. — Quand il y aura eu détention préventive, cette détention sera intégralement déduite de la durée de la peine qu'aura prononcée le jugement ou l'arrêt de condamnation, à moins que le juge n'ait ordonné, par disposition spéciale et motivée, que cette imputation n'aura pas lieu ou qu'elle n'aura lieu que pour partie. — En ce qui concerne la détention préventive comprise entre la date du jugement ou de l'arrêt et le moment où la condamnation devient irrévocable, elle sera toujours imputée dans les deux cas suivants : 1° si le condamné n'a point exercé de recours contre le jugement ou l'arrêt ; 2° si, ayant exercé un recours, sa peine a été réduite sur son appel ou à la suite de son pourvoi.

ARTICLE 2.

La présente loi n'aura pas d'effet rétroactif.

ARTICLE 3.

Elle sera applicable à l'Algérie et aux colonies.

Travaux préparatoires. — Dépôt, par MM. Félix Le Roy (Nord) et de la Batie, d'une proposition de loi tendant à imputer la détention préventive sur la durée des peines prononcées ; 11 juin 1888. (*Jour. off.* du 12 juin 1888. Déb. parl., p. 1730.) Dépôt, par M. Albert Duchêne, d'un rapport sommaire sur la proposition de loi ; 26 novembre 1888. (*Journ. off.* du 27 novembre 1888. Déb. parl., p. 2656.) Prise en considération ; 8 décembre 1888. (*Journ. off.* du 9 décembre 1888. Déb. parl., p. 2863.) Dépôt, par M. Caradec, d'un rapport fait au nom de la commission chargée d'examiner la proposition ; 21 mars 1889. (*Journ. off.*, Annexes, Cham. des députés, 1889, n° 3622, p. 716.) Adoption du projet, après déclaration d'urgence et sans discussion, le 14 mai 1889.

Communication du projet adopté par la Chambre des députés ; 17 mai 1889. Dépôt, par M. Morellet, du rapport sur le projet de loi; 13 juillet 1889. (*Journ. off.*, Annexes, Sénat, 1889, n°ˢ 134 et 252.) Première délibération; 3 décembre 1889. Dépôt, par M. Morellet, d'un rapport supplémentaire; 3 juillet 1891. (*Journ. off.*, Annexes, Sénat, 1891, n° 151, p. 220.) Deuxième délibération; 19 octobre 1891, 16 et 18 février 1892.

Communication du projet de loi adopté par la Chambre des députés, adopté avec modification par le Sénat; 25 février 1892. Dépôt, par M. Georges Graux, d'un rapport sur le projet; 29 octobre 1892. Adoption du projet modifié par le Sénat après déclaration d'urgence et sans discussion; 8 novembre 1892.

FIN

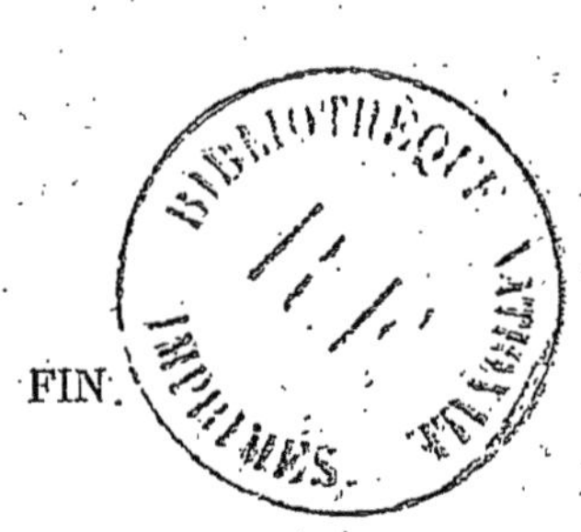

TABLEAU SYNOPTIQUE RÉSUMANT LES DIVERSES COMBINAISONS DE RÉCIDIVE

ÉNUMÉRATION DES COMBINAISONS	PREMIÈRE PÉNALITÉ PRONONCÉE	DEUXIÈME PÉNALITÉ ENCOURUE	PÉNALITÉ AGGRAVÉE PAR L'EFFET DE LA RÉCIDIVE	CONDITIONS DE L'AGGRAVATION DE PÉNALITÉ
1re combinaison : Récidive de peine criminelle à peine criminelle. (Art. 56 C. pén.)	Peine correctionnelle (afflictive ou infamante) autre que les travaux forcés à perpétuité. — Travaux forcés à perpétuité.	Dégradation civique. Bannissement. Réclusion. Détention de 5 à 20 ans. Travaux forcés de 5 à 20 ans. Déportation simple. Déportation dans une enceinte fortifiée. Travaux forcés à perpétuité. Travaux forcés à perpétuité.	Bannissement. Détention. Travaux forcés à temps. Détention de 20 à 40 ans. Travaux forcés de 20 à 40 ans. Déportation dans une enceinte fortifiée. Travaux forcés à perpétuité. Pas d'aggravation. Mort.	Aucune condition de temps : peu importe le délai écoulé entre la première condamnation et la nouvelle infraction. Aucune condition d'identité d'infractions : peu importe qu'il y ait ou non répétition du même crime; la récidive est générale.
2e combinaison : Récidive de peine criminelle à peine correctionnelle. (Art. 57 C. pén., modifié par la loi du 26 mars 1891.)	Peine criminelle.	Peine correctionnelle d'emprisonnement.	Maximum de la peine encourue, avec faculté d'élever jusqu'au double ce maximum. Adjonction facultative de l'interdiction de séjour pour 5 à 10 ans.	Il n'y a récidive qu'autant que la seconde infraction s'est produite dans un délai de cinq ans après l'expiration de la première peine ou sa prescription. Aucune condition d'identité d'infractions : la récidive est générale.
3e combinaison : Récidive de peine correctionnelle à peine correctionnelle.	Peine correctionnelle.	Peine criminelle.	Pas d'aggravation.	
4e combinaison : Récidive de peine correctionnelle à peine correctionnelle. (Art. 58 C. pén., modifié par la loi du 26 mars 1891.)	Peine correctionnelle supérieure à un an d'emprisonnement.	Peine correctionnelle d'emprisonnement.	Maximum de la peine encourue, avec faculté d'élever jusqu'au double ce maximum. Adjonction facultative de l'interdiction de séjour pour 5 à 10 ans.	Il n'y a récidive qu'autant que la seconde infraction s'est produite dans un délai de cinq ans après l'expiration de la première peine ou sa prescription. Si la deuxième infraction est un crime, aucune condition d'identité d'infractions : la récidive est générale. Si la deuxième infraction est un délit, la récidive devient spéciale : il faut qu'il y ait répétition du même délit; mais, par fiction de la loi, sont considérés comme un même délit : le vol, l'escroquerie et l'abus de confiance, d'une part; le vagabondage et la mendicité, d'autre part.
	Peine correctionnelle inférieure à un an d'emprisonnement.	Peine correctionnelle d'emprisonnement.	Minimum : le double de la première pénalité prononcée. Maximum : le double du maximum de la deuxième pénalité encourue.	

TABLEAU SYNOPTIQUE RÉSUMANT LES QUATRE CAS DE RELÉGATION

1er CAS	2e CAS	3e CAS	4e CAS
2 CONDAMNATIONS	3 CONDAMNATIONS	4 CONDAMNATIONS	7 CONDAMNATIONS
Aux travaux forcés ou à la réclusion.	Une { Aux travaux forcés ou à la réclusion. Deux { Soit à plus de 3 mois d'emprisonnement pour : { Soit à l'emprisonnement pour faits qualifiés crimes. { Vol. Escroquerie. Abus de confiance. Outrage public à la pudeur. Excitation habituelle de mineurs à la débauche. Vagabon- Mendicité. { Par application des art. 277 et 279 du C. pénal.	Soit à l'emprisonnement pour faits qualifiés crimes. Soit à plus de 3 mois d'emprisonnement, pour : { Vol. Escroquerie. Abus de confiance. Outrage public à la pudeur. Excitation habituelle de mineurs à la débauche. Vagabondage. Mendicité. { Par application des art. 277 et 279 du Code pénal.	1° Deux au moins des cas précédents, c'est-à-dire : { Travaux forcés ou réclusion. Emprisonnement pour faits qualifiés crimes. Plus de 3 mois d'emprisonnement pour : { Vol. Escroquerie. Abus de confiance. Outrage public à la pudeur. Excitation habituelle de mineurs à la débauche. Vagabondage. Mendicité. { Par application des art. 277 et 279 du C. pénal. 2° Deux à plus de trois mois d'emprisonnent, pour : { Vagabondage. Infraction à interdiction de résidence. 3° Les autres, sans condition de durée, pour : { Vagabondage. Infraction à interdiction de résidence.

TABLE DES MATIÈRES

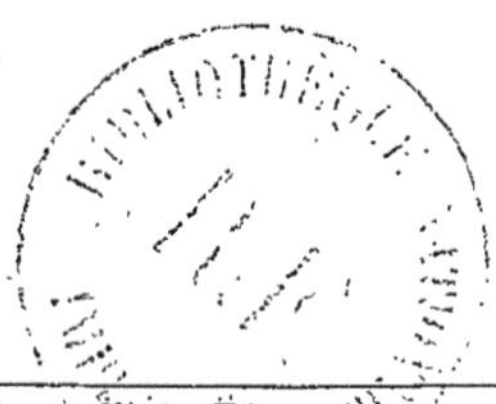

www.ingramcontent.com/pod-product-compliance
Ingram Content Group UK Ltd.
Pitfield, Milton Keynes, MK11 3LW, UK
UKHW021521090726
13657UKWH00001B/379